Colección:

MIS CUADERNOS DE PRÁCTICAS

Teje-Má

Libro 2

RENOVACIÓN

S**USI** C**ALVO**

RENOVACIÓN

Número de Control de la Biblioteca del Congreso de EE. UU.:   2012904161
ISBN: Tapa Blanda   978-1-4633-1739-3
                     Libro Electrónico   978-1-4633-1740-9

Este libro fue impreso en España.

Para pedidos de copias adicionales de este libro, por favor contactenos en:
Palibrio
1663 Liberty Drive
Suite 200
Bloomington, IN 47403
Llamadas desde España 900.866.949
Llamadas desde los EE.UU. 877.407.5847
Llamadas internacionales +1.812.671.9757
Fax: +1.812.355.1576
ventas@palibrio.com
399309

INDICE

PRIMERA PARTE
"COMIENZA LA AVENTURA"

SEGUNDA PARTE
"NOVEDADES DIVINAS"

TERCERA PARTE
"VISITANDO SIRIO"

ANEXO 1
"RAYOS MANÁSICOS"

ANEXO 2
"LAS LEYES DE HERMES"

DEDICATORIA

En primer lugar este libro está dedicado a RESKARENDAYA, que tanto está aportando a nuestras vidas actuales.

A todos los que han dedicado un tiempo de su vida a conocer a Reskarendaya, La Nueva Luz, han recibido instrucción al respecto y se han comprometido con ELLA.

Está dedicado a todos los ángeles, guías y Seres de Luz que pueblan este vasto universo y a los que vienen de estratos superiores de conciencia.

Y a todos los Seres que han entrado a la Tierra a través del portal de Luz que se abrió el 11-11-11 a las 11 de la mañana.

En particular está dedicado a mis angelitos, a mis guías personales y a los que están participando en la escritura de esta colección, dictando palabra tras palabra.

AGRADECIMIENTOS

A quien más tengo que agradecer es a mi cuerpo-base, o sea a Susi, por su dedicación, disciplina y atención a lo que le voy dictando para poder escribir esta colección.

Jetze-Nó y Teje-Má

Y yo agradezco a mis vehículos superiores, que me hayan confeccionado y me cuiden y protejan, mientras soy carne y huesos aquí en la Tierra.

Susi

PRÓLOGO

Nunca me hubiera imaginado escribiendo el prólogo de un libro, aunque me han pedido cosas muy extrañas a lo largo de mi existencia.

En este libro se atisba el conocimiento de quien es Reskarendaya, la Todopoderosa y Bienamada, que tantos cambios está produciendo en todos los universos.

Actualmente está en proceso de creación del suyo propio con las nuevas características.

Jetze-Nó, el protagonista de esta historia, viaja con el fin de saber cuál es su verdadera misión en esta vida.

A tal fin conoce a una serie de entidades que le dan unos conocimientos extraordinarios.

Querido lector, toma lápiz y papel cada vez que leas uno de estos cuadernos de prácticas, porque a través de ellos recibirás ejercicios y pautas para realizar, con las que poder avanzar para conectar con tu Yo Superior.

Con mucho cariño.

Arcángel Miguel

Susi canalizando al Arcángel Miguel. (Febrero 2012)

PRESENTACIÓN

"UN ÁNGEL DE FUEGO"

El seconafin se trasladó por los planos etéricos.

Se llama Jetze-Nó es un ser de fuego, un ángel superior de los eteres de fuego.

Apenas habla y su sonido se parece al gorgojeo de un pajarillo.

Busca con afán a Teje-Ma, le han dicho que se halla en el universo de Mikael de Nebadón.

La mente de un seconafin es puro fuego, igual que su cuerpo.

Los pensamientos se hilvanan con gran rapidez y se mueve a una velocidad humanamente incomprensible.

Es un vehiculo superior de Teje-Ma. Este aun no lo sabe.

Se tienen que acoplar. Le necesita para cumplir su misión.

El seconafin debe cumplir su misión de "mensajero angélico superior".

Es el Rayo de Luz que eleva los pensamientos y los transporta en el foat eterno del Creador.

Estos pensamientos se improntan en los Registros Akáshicos y tienen el poder de transformar el mundo.

Por fin se encuentran y se presenta el seconafin.

PRIMERA PARTE

"COMIENZA LA AVENTURA"

CAPÍTULO 1

"EL VÍNCULO"

La cara de sorpresa de Teje-Ma produce una gran sonrisa en el seconafin.

Se llena de Luz y de Alegría, pero a la vez de sorpresa y de incomprensión.

.- Hola… ¿Quién eres?…. dice Teje-Ma

.- Me llamo Jetze-Nó y soy un seconafin.

.- Por tus características, ya lo veo.
Bien, y ¿qué quieres?, ¿qué haces aquí?

.- Vengo por expreso deseo del Creador, para ayudarte en tu misión.

.- Y… ¿Cómo me vas a ayudar?

.- Incorporándome a ti.

.- ¿Cómo?… ¿Qué quieres decir?
¿Sabes que Yo Soy un Elohim? Un Ser de Luz de las esferas centrales de Havona.

Me ves como soy... ¿no?...

Teje-Ma levanta sus manitas al aire y se da una vuelta despacito, para que el seconafin le vea bien.

Jetze-Nó responde:

.- jajajajaja.... Que simpático...
Si, claro que lo veo.
Vengo a explicarte una cosa...

.- ¿Qué me vienes a explicar?... Cuenta... cuenta... soy todo oídos.

.- Tu como Elohim, eres el primer vehiculo, la funda de la Chispa Divina.

.- Si, claro, eso ya lo sé. No me cuentas nada nuevo.

.- Bien.
Y yo soy un seconafin, o sea un ángel de fuego, es decir, un super-ángel.

Nosotros los seconafines somos ángeles creados en las esferas centrales, nuestra misión es la de ser los ángeles de los elohims.

O bien liderar a los ángeles de los superuniversos.

.- ¡Ah!.... Ya se.... Vienes a ser mi ángel cuidador... Ya encontraba a faltar uno... ¡que bien!... ¡que bien!!

Teje-Ma se pone muy contento y empieza a dar saltitos y palmaditas... y sigue diciendo:

.- Me vas a ayudar en mi tarea de viajar por los universos, en mi tarea de aprendizaje, de experiencia en ellos.

.- Pues…. ¡No!!…

.- ¿Cómo?… Entonces… ¿Cuál es tu tarea conmigo?

.- Soy una funda superior tuya.

.- ¿Cómo?… Ahora si que no entiendo nada… Explícate, por favor.

.- Cuando un Elohim sube de frecuencia porque ha cumplido muy bien su misión, su Fuerza y su Luz le permiten convertirse en una entidad superior.

.- Si, claro…. Eso es "Elohim básico". Lo estudiamos en el primer curso.
El sueño de los elohims.
Es como si te dieran el diploma de fin de curso.
Aunque no entiendo muy bien lo de la cadena elohímica y la cadena angélica y en que momento se cruzan… a ver… ¿como era eso?…

Teje-Ma se pone a reflexionar, para ver si recuerda como era ese tema…
Jetze-Nó corta estas reflexiones.

.- ¡Muy bien!!

.- Vale… ¡muy bien!… y entonces… ¿cual es nuestro vínculo?…
Aun hay cosas que no entiendo bien… a ver si estudio un poco mas… jajajajaja

Dice dándose golpecitos en la cabeza... recordando las clases teóricas...

.- Yo Soy tu diploma.

.- ¿Cómo?... No entiendo nada...
Si yo ya tuviera este titulo... pues... no se.... De alguna manera me habría enterado... ¿no?

.- Me imagino que si.
Yo tampoco he entendido muy bien el porque estoy aquí.
Espero irlo comprendiendo en la medida en que nos vamos acoplando.

El elohim va andando y hablando "por lo bajini",... diciendo....
¡No entiendo nada!... ¿en que momento me he ganado yo esos galones?

¿Que méritos tengo?... ¿Qué cosas maravillosas he hecho para ganarme esta medalla cósmica, este vehiculo superior al del elohim?...

Y ahora... ¿que hago yo con este?... ¿Dónde lo meto?.... jajajaja.. ¿que se hace con un seconafin?.... Caramba.... Que dilema...

Pero bueno... ¿que habrá pasado?... Tengo que revisar este tema...
¿Que he hecho yo...?

El elohim sigue desplazándose y charlando internamente, mientras flota a su lado el seconafin, este maravilloso e indestructible ser de fuego.

El elohim sigue pensando... ¿y que tengo que hacer yo con ese "de pegote" a mi lado...?
Porque... si es un vehiculo mío, no me lo voy a poder quitar de encima...
Nunca mejor dicho... Jajajajaja

El seconafin, por su parte, se separa un poco del elohim y reflexiona.

Bien, ya estoy aquí. Encontré a mi vehiculo inferior, pero no le veo muy dispuesto.
Creía que esto seria más fácil. Acoplarse y ya esta... pero veo que no.

Tengo que pensar alguna estrategia.

Tampoco se muy bien que ha ocurrido para que yo este aquí.

Tendré que consultar con mis superiores.

Se dirige al elohim:

.- ¡Oye Teje-Ma!...

.- ¡Dime!!

.- Si no te importa, voy a circular por los eteres, para preguntarle a entidades superiores a nosotros, el por qué estoy contigo.
Investigare también, cómo mis características predeterminadas te pueden ayudar.

Y así te seré más útil.

¿Te parece?

.- Muy bien… muy bien…
(A ver si así me deja tranquilo, jejeje).

El seconafin se separa del elohim y se dirige al universo central de Havona.
Por el camino va pensando….

¿A quien me debo dirigir para averiguar esto?…

Llega a la sede capital del Universo Central de Havona, donde hay una gran cantidad de entidades de todas formas y elevaciones.

Y se pregunta, reflexionando:

Vamos a ver…

¿Quien es el jefe, el director de los seconafines, en este lugar?….

CAPÍTULO 2

"COMO SE CREA UN UNIVERSO"

Jetze-Nó se dirige a la sede central de Havona.

En la puerta unos guardianes le preguntan a donde va.

Jetze-Nó les saluda con gran respeto y les cuenta su situación.

Uno de los guardias le invita a pasar y a esperarse unos momentos mientras va a buscar a alguien que le de una respuesta.

Espera y mira a su alrededor.
Nunca ha habido tal belleza en un espacio tan reducido.
Jetze-Nó se hace consciente de esta belleza y empieza a vibrar con estas fuerzas energéticas.

Aparece una entidad y le hace pasar a otro espacio, donde una gran sala llena de entidades de Luz, le miran con asombro.

Estas entidades comentan entre ellos:

.- ¿Qué hace este seconafin aquí?

.- ¿Cómo es que esta solo?, normalmente van en grupos de tres.

.- A veces en parejas… pero solito…es extraño…

.- ¿Le sucede algo?

Una voz surge del fondo, es un "Eterno de los Días"… un **Ser rector de Havona**.
(Para una mayor información consultar EL LIBRO DE URANTIA)

.- Hermoso seconafin… ¿Qué te sucede?…

Jetze-Nó esta sorprendido de ver tanta Luz a su alrededor. No sabe como responder sin caer de rodillas y besar los pies del Ser que habla en este momento.

Se mantiene a duras penas de pie.

Balbucea.

.- Gran Ser de este lugar.

Soy un seconafin recién manifestado.
He surgido mediante el ciclo evolutivo de un elohim y no entendemos ninguno de los dos cual es el objetivo de este surgimiento.

.- ¡Ah!…. Ya entiendo.

Aunque… no es de mi competencia responderte…

Creo que debes dirigirte a Sub-Sé el gran creador de elohims.

Me despido de ti ya que estoy en una importante reunión con la Orden de los Mikael, los creadores de universos, que ya han alcanzado el patrón determinado para ser Gobernantes de su Creación.

.- Perdón. Como soy nuevo en esto... me podrías decir... ¿cómo un Mikael o sea, un elohim creador de esta orden, llega a gobernar su creación?

Pensé que solo por crearla ya la gobernaba.

.- Mi querido seconafin, acércate y te lo explicaré.

El Gran Ser toma a Jetze-Nó por los hombros y se ponen a andar charlando.

Los Mikael continúan sus propias charlas.

.- Te voy a contar...

Un elohim... es un Ser Creador... por su naturaleza.

Y pasa por distintas etapas: crea emociones, pensamientos, formas...
Hasta que va alcanzando la **Perfección** en ello.

Estas creaciones se manifiestan en principio en una creación ya existente, es decir, el elohim aprende a crear en un lugar donde ya hay creaciones de alguien experimentado.

Una vez alcanzada la Perfección en auto crearse estas formas físicas, emocionales y mentales, va creando espíritus etéricos, dévicos, (hadas y duendes, por ejemplo) angélicos, solares, etc.… en diferentes mundos.

Aunque… en un principio, en un único universo.

Dentro de ese universo se mueve por las galaxias y va aprendiendo… aprendiendo… aprendiendo…

Este elohim creador va y viene a las esferas centrales del Paraíso y de Havona.

Sus instructores le van asesorando en todas aquellas dudas que surgen al confeccionar sus creaciones y criaturas, en los distintos universos.

Cuando los instructores consideran que el Creador esta listo, se ponen de acuerdo con un Mikael, (con un Creador que ya Gobierna su universo creado), para que le permita crear un mundo, un planeta.

Según como esté de avanzado, puede darle un espacio vacío y este aprendiz crea el mundo para hacerlo desde lo más básico, que es la "creación de un planeta".
Si el elohim no es tan avanzado, le da el planeta ya hecho, sin nada, solo una gran bola de mineral que flota en un espacio de su universo.

Allí el elohim despliega todo lo aprendido en sus clases en las esferas del Paraíso o de Havona.

Se le permite crear toda clase de entidades, de todas las dimensiones que admite un planeta de estas características y con todo ello experimenta.

.- ¿Y crea seconafines también?

.- No.

(Gran sonrisa del Eterno).

Los seconafines solo se crean en el **centro de los centros**.
Y de allí parten para ser líderes arcangelicos.

.- Bien... bien...
Y.. ¿Qué sucede con los elohims?
¿Como sigue lo que me estabas contando?

.- Esta creación de un planeta, esta supervisada por distintas entidades superiores.

Si el planeta se halla en un Sistema, la Jerarquía del sistema envía un supervisor para que esta creación este en sintonía con el resto del Sistema.

El elohim trabaja con este supervisor.

A la vez, al hallarse en la galaxia y en el universo de un Creador, este también envía supervisores de ambos lugares, aunque solo esporádicamente y con el fin de ofrecerle asesoría.

El elohim pasa mucho... mucho... mucho...tiempo, observando su creación y participando directa o indirectamente en su evolución.

Para el elohim es importante, en primer lugar, marcarse unos fines muy claros.
Saber "el objetivo" de su Creación.

Después, crear a través de entidades que le ayuden en ello.

Y como colofón hacer un seguimiento de su evolución.

.- Pero esto es… ¡muy largo en el tiempo!!.

.- Mi amado Jetze-Nó el espacio-tiempo lo miden las creaciones y es muy distinto del nuestro.
Así que ese tema no le preocupa al elohim. Solo que se cumplan sus objetivos.

.- ¡Ah!!…. bien… bien…

De repente Jetze-Nó tiene una imagen de un vehículo inferior suyo – Danae – una entidad de Sirio.
Y le ve confeccionando el diseño de un planeta, con sus habitantes…

¿Te acuerdas?… Esto lo hemos hablado en el libro anterior:

EL PLAN MAESTRO.

¡Ah!!… reflexiona Jetze-Nó.
Tengo un vehículo inferior que se llama Danae y esta diseñando un planeta.

Tengo que investigar si el Creador le ha dado un espacio y el planeta se crea desde el reino mineral… o si ya nos han dado un planeta hecho.

¡Uyyy…!!!. ¡Me tengo que poner al día de tantas cosas!!!….

Eso de nacer por primera vez, de ser "original", es muy interesante.

¡Y ya tengo tantas cosas hechas! ¡Que bien!!!….

¿Será por eso que el elohim y yo ya podemos fusionarnos?

.- Mi querido Maestro y ¿Cómo sigue el tema?

.- Bien... quizás ya te lo puedes imaginar.

Después de crear un planeta, intentas crear otro, que ya serán 2 y seguir su evolución.

Y así vamos sumando planetas, hasta llegar a la evolución de un Sistema. Y recuerda que no solo hablamos de las criaturas en el planeta, sino del planeta como criatura.... ¿Lo entiendes?...

.- ¡Si, claro!!....

¡Los planetas también son seres vivos!!.... Y evolucionan.

.- Después se crean las galaxias, etc....
De momento.... Se hace siempre en un universo ya creado, para practicar el hecho de crear.
¿Entiendes?

.- Si, si...

.- Cuando ya han aprendido a hacerlo en un universo ajeno, se preparan, reciben instrucción para crear un "universo propio".

Aquí se puede elegir, partir de cero, o llevarse las creaciones efectuadas en el universo ya creado.

Si se elige esta segunda opción, debe ser partiendo de la base de que esto va a ser así, y esa galaxia creada va a ser el principio de tu universo particular.

Así que antes de crear la primera, ya adviertes de que luego te la vas a llevar para hacer tu propio universo.

Casi todos eligen esta opción porque ya tienes algo conocido y no se parte de cero.

Por eso, a veces, una galaxia es muy primitiva, porque es la primigenia de ese Creador, es donde empezó y por lo tanto, se llevó todos los fallos y los aciertos, los fracasos y los aprendizajes.

Les hace mucha ilusión llevarse su primera galaxia.

.- Claro, claro… me lo imagino…

.- Bien, pues, cuando ya empiezas tu Creación, vas confeccionando galaxias con tus ayudantes hasta que llegas al numero 1000 (mil) y sabes controlarlas….. y como evolucionan.

En la galaxia 1001 (mil uno), tienes que ser uno de ellos, encarnar en diferentes lugares, un numero determinado de veces.

Encarnar en las diferentes formas de las criaturas creadas.

Por ejemplo, en los diferentes reinos: mineral, vegetal, animal, humano, suprahumano, angélico, devico, etc.…

Y sobre todo en las Jerarquías que dirigen estos mundos.

Aprendes tanto a mandar como a obedecer.

Cuando lo haces un determinado numero de veces, las estipuladas en ese superuniverso, y tus instructores y asesores te indican que aprendiste todo lo necesario, se te ordena como "**Gobernante**" de ese Universo.

.- Creo que me faltan datos...

.- A ver... Bueno...

Para crear el universo particular, los seres que rigen el superuniverso que son llamados "**Ancianos de los Días**", te dan un espacio para poderlo hacer.

Y sobre todo el **permiso** para hacerlo.

Para que esto sea así, tú tienes que presentarles un plan.

A este plan se le llama "**PLAN MAESTRO**".

O sea, el Plan Maestro, es el Plan que organiza el Creador de un Universo.
Es donde se encuentran las matrices originales de lo que va a confeccionar.

Este Plan se presenta al "**Consejo de Ancianos**" del superuniverso donde este universo va a estar.

Y el "**LIBRO MAESTRO**", es en el que el Creador, cuenta "qué" es lo que va haciendo y como lleva a cabo su plan. La "forma".

Esta es la diferencia entre:

el PLAN MAESTRO y el LIBRO MAESTRO.

.- ¡Ah!!!.... ¡Que interesante ¡!!....

.- Si…

A ver…
Que más te faltara saber.
Déjame que piense….

(Reflexiona el "Eterno de los Días")…

.- ¡Ah… si…!!

Este superuniverso se divide en sectores mayores, donde caben muchos universos y son gobernados por las entidades llamadas "**Perfecciones de los Días**".

Lo mismo va a hacer el elohim, dividirá su universo en sectores más pequeños, para gobernarlo más fácilmente.

O sea que tenemos:
Sectores mayores y sectores menores.

Bien, Jetze-Nó.
Lo siento, pero tengo que seguir con la recepción de estos Mikael que van a empezar a gobernar sus mundos.

Tengo que explicarles unas cuantas cosas, antes de que empiecen sus gobiernos.

.- No sabes cuanto te agradezco tu Amor y tu Paciencia.

.- Voy a ponerte en manos de una entidad que te hablara del mundo de los seconafines y así obtendrías una mayor claridad en este tema.

.- Muchísimas gracias ¡!!…

Jetze-Nó se despide con una inclinación de cabeza y se retira agradecido de este lugar, con la esperanza de conocer a esta siguiente entidad y que le aclare más cositas.

CAPÍTULO 3

"FIESTA DE LAS ESFERAS"

Jetze-Nó, se dirige a las esferas del Universo Central.

No sabe cual elegir, son tres campos de fuerza distintos entre si, y distintos del resto existente.

Existen 21 esferas, repartidas entre tres círculos de 7 en cada uno de ellos.

Las esferas en si mismas, son superiores a los superuniversos en Honor y Gloria Infinita.

Y son el lugar donde nacen y surgen los seres creadores, los futuros gobernantes, los protectores y guías, etc....

Seres muy especiales.

Se acerca a la entrada de una de ellas.

Allá hay un gran trajín. Mucho movimiento.

Se extraña de todo este ajetreo.

Se dirige a un guardián y le pregunta..

.- ¿qué pasa?

.- Se va a celebrar una gran fiesta en honor a la nueva creación de elohims.

.- ¿Puedo pasar?

.- Claro…. Adelante…

Con mucha prudencia va circulando Jetze-Nó por los éteres de esta esfera.

Hay una gran alegría en todo el lugar.

Muchos ángeles superiores se saludan, poniendo las puntas de sus alas hacia adelante y tocando con ello las puntas de las alas de otros ángeles.

Cuando se acercan las alas, una gran vibración recorre todo su cuerpo angélico.

Es muy hermoso el saludo que se ofrecen…

Miles y miles de ángeles de todas clases, formas y colores se están encontrando.

Hay música en el ambiente, pero de la pura vibración angélica.
(No hay ningún instrumento tocando).

¡Que bonito!!… piensa el seconafin….

Y mira su espalda para observar sus alas.

Ve puro fuego, en forma de alas.

.- ¿Yo podré hacer lo mismo?

Levanta las alas y pequeñas llamitas se desprenden de ellas.

.- Voy a probar...

Se acerca a uno de los ángeles y levanta sus alas.

El angelito que tiene enfrente, levanta las suyas, y de pronto pone cara de horror.

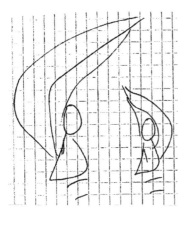

Jetze-Nó, le mira asombrado.

¿Qué esta pasando?

¿Acaso doy miedo?...

Envía sus alas hacia adelante para tocar las del angelito y se da cuenta de que son mucho mas grandes y poderosas, mas altas.

De otra constitución.

El angelito queda envuelto por las llamas del seconafin.

Jetze-Nó se da cuenta, e inmediatamente repliega sus alas.

.- ¡Vaya!!.... Parece que esto va a ser muy difícil.

.- Lo siento.

El angelito se retira asustado.

Jetze-Nó reflexiona:

¿Acaso somos incompatibles?

No lo entiendo.

De repente, ve a uno de su misma especie.

Rápido se dirige hacia el, llamándole.

.- ¡Hooolaaaa !!!... ¿Eres un seconafin, como yo?...

.- Si.

Inmediatamente Jetze-Nó levanta sus alas de fuego para saludar, pero queda envuelto en la energía del otro seconafin.

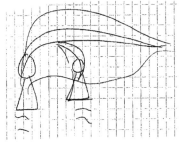

¡Son, mucho más que el doble de la suya!!!...

Le parecen inconmensurables.

Y al rozarse sus alas no se oyen campanitas o música, sino la fuerte vibración del fuego.

.- ¡Upsss!!!.....

.- ¿Qué clase de seconafin eres?…

.- ¡Soy un "Creador de elohims"!!…

.- Y… ¿Cómo te llamas?…

.- Me llamo Sub-Sé… ¿y tu?…

Jetze-Nó se da cuenta de que, precisamente, era la entidad de la que le hablo el Gran Ser.

¡Qué sorpresa!… ¡Que bien que ya le encontró!!

¡Que casualidad!… jejejeje…

.- Mi vibración es la de Jetze-Nó. Soy un seconafin "original". Hace muy poco que fui creado y tengo algunas preguntas que quisiera hacer.

.- Si te las puedo responder… lo haré con gusto.

.- La verdad es que no sabría ni por donde empezar.

Jetze-Nó, le explica que ha surgido de repente.

Su sensación es como cuando uno se despierta después de un largo sueño reparador.

.- ¡Aja…!.

Responde Sub-Sé.

.- Y una vez creado… ¿Qué has hecho?

.- He ido a buscar al elohim para quien he sido creado, pensando que el tiene la respuesta, pero...
Resulta que el no sabia nada de mí.

Un "Eterno de los Días", me ha comentado que fui creado por los meritos. O sea, que he surgido de su elevación espiritual.

El elohim se ha sorprendido mucho.

¿Tu que opinas de esto?

.- Bueno....

Dice Sub-Sé, masajeando su barbilla.

Vamos a ver...

Normalmente estas cosas ocurren cuando un elohim acaba su aprendizaje y regresa con todas las experiencias aprendidas.

Según y como, este aprendizaje le lleva a ganarse la capacidad de ser un seconafin.

Pero...vamos...

¿Qué tiempo tiene el elohim?

.- Tenemos tres **"Ruedas de Dios"**.

.- O sea...que ha salido de Dios y ha regresado tres veces...¿Es eso?

.- Está en la tercera ronda.

.- ¡Bufff!!!…. ¡Esto no ocurre hasta la quinta ronda!!….

¿Cómo es posible que tu hayas surgido ya?….

¡No te toca para nada!!!… Le faltaría… terminar esta ronda, y hacer una cuarta completa.

Y al termino de la quinta… Podría ser…

.- Y… ¿cómo funciona el tema de las "Rondas"…?

¿Qué es eso?…

.- Te lo explicare de una forma sencilla.

Dios es quien transmite la energía.

El elohim ha tomado un cuerpo por primera vez en las esferas.

Su parte de Dios, el cachito de Dios que El es, ha tomado un cuerpo.

Este aprende en las esferas y va a los lugares básicos a practicar.

Y su objetivo es regresar a Dios donde acaba vertiendo todas sus experiencias y conocimientos.

Dios se engrandece a través de sus criaturas.

Salir de Dios y regresar a Dios, despúes de haber experimentado, es… **"una ronda".**

A la siguiente ronda ya ha crecido y experimentado y eso hace que sus capacidades aumenten. Puede hacer mas cosas.

Por ejemplo, se puede dividir en dos, formando lo que se llaman: **"Almas Gemelas"**.

Esta partición, permite que se aprenda a través de dos vehículos.
Estos cuando se encuentran, no caben en si de gozo.

Se necesitan, se complementan.

En la tercera ronda, se puede dividir en tres.
A veces, esto crea grandes conflictos pues aparece una tercera persona con la que sientes tanta fuerza y atracción como con la anterior.

.- ¡Ufff!!!.... ¡eso debe traer una polémica....!!!!

.- Si, claro. Pero no se puede evitar. La fuerza de atracción es muy grande y da igual el sexo... o quien... o como... sea la otra persona.

.- ¡Uyyy!!!..... Eso también debe llevar a equívocos... ¿verdad?...

.- Depende de las mentalidades del lugar donde vivan.

Por eso, a veces, las parejas van a planetas distintos y así no se complican la vida.

Pero, si lo hacen así, la reacción es la de querer ser célibe, o bien, tener una añoranza y mirar mucho hacia las estrellas, buscando algo que no se sabe bien qué es.

.- ¡Que tristeza…!… ¿verdad?…

.- Si… el corazón se siente dividido en dos, pero sin encontrar la otra mitad.

A veces, hay un gran afán de búsqueda…. Tienes parejas y mas parejas… pensando… ¿será esta?… ¿o esta?…

Y vas viendo que no.

.- ¡Que triste…!!. ¡Que triste…!! (Repite Jetze-Nó).

.- Al final te quedas con la pareja que tiene inquietudes parecidas a las tuyas, o…. tus mismos objetivos.

.- Si, claro. Bueno,… ¿Y de lo mío que?… ¿Qué pinto yo aquí?….

.- Ven, vamos a ver a alguien que nos pueda ayudar.
¿En que universo esta el elohim?…

.- En el de **"Mikael de Nebadón".**

.- Pues que mejor que hablar con El… ¿no te parece?.

.- ¿Y la fiesta?…. ¿Nos la perderemos…?.
¡Me haría mucha ilusión participar!!!

.- No te preocupes. … Vamos y volvemos en un plis plas…

CAPÍTULO 4

"MEDJUGORJE"

Sub-Sé y Jetze-Nó, los dos seconafines de las **esferas de Dios**, descienden al superuniverso, compuesto por muchos universos.

Piden permiso para atravesarlos y llegar al universo llamado Nebadón.

Piden permiso para entrar en la sede central de Nebadón:

SALVINGTON.

Tras una serie de guardianes y permisos, llegan ante el Creador de este universo.

.- Amado Creador, me llamo Sub-Sé... y Soy un seconafin, creador de elohims. ¿Puedes recibirnos?

.- Adelante. ¿Que os trae a este lugar?

.- A mi lado esta Jetze-Nó, un seconafin "original", recién creado.
El elohim que le sigue de nivel, esta en tu universo en misión para ti.

.- ¿De quien se trata?

.- Se llama Teje-Ma, y en estos momentos tiene un vehiculo de Sirio, llamado Danae y uno solar llamado Ardaimba... entre otros.

.- Si... ya se quien es...
Esta bajo mis auspicios. Yo le mande en misión allá.
Y... ¿Cuál es vuestra petición?...

Sub-Sé, le cede la palabra a Jetze-Nó.

.- Como acabo de ser creado, me he presentado a mi vehiculo elohímico, pero ambos estamos desconcertados, no sabemos cual es el motivo de mi aparición.

Una gran sonrisa ilumina el bello rostro de Miká.

.- Lo que esta ocurriendo es, que yo me reuní con el Consejo de Ancianos del Superuniverso, para contarles lo que sucedía en un sector de esta galaxia, de mi universo.

Ellos me recomendaron que **"reforzara la comunicación"**.

Por eso curse la petición a las esferas, propiciando tu constitución.

Tú tienes la misión de conectar fielmente a los seres angélicos y entidades de Luz, que están a mi lado, fieles a mí, en sus planos superiores y darles el apoyo celestial que necesiten.

El vehiculo mas denso, Susi, conocerá a las personas y, a través de este vehiculo tu conectaras con los vehículos superiores de las otras personas y les ayudaras a descontaminarse.

Ellos tomaran la decisión final de "donde" quieren estar.

En los planos etéricos se irán agrupando.

Hay un lugar en la Tierra, llamado **Medjugorje**, un pueblo de Bosnia Herzegovina, en Europa.

Este cuerpo denso, o sea Susi, ira a este lugar y allá, acudirán quienes en los tiempos de la Cuarentena estaban a mi lado.

Puede que acudan física o etericamente.

También irán aquellos que no lo estaban, pero a lo largo de las distintas re-encarnaciones han aprendido la lección y ya saben que tienen que seguir el **PLAN MAESTRO**, no el plan que ellos se inventen.

En los éteres de Medjugorje se crearan nuevos templos donde se recogerán los **Registros Akáshicos** que contendrán la información de la nueva realidad.

También acuden a la Tierra entidades de los planetas que se contaminaron.

Hemos elegido que allá (en la Tierra), pasen sus pruebas; por ser el lugar de origen, donde se dio "**la rebelión**".

Los planetas, tanto de aquella galaxia como de las galaxias cercanas, que están contaminados, también entraron en Cuarentena.

Al destruirse estos planetas o ser inhabitables, las entidades han ido a parar a otros planetas que están en Cuarentena.

Jetze-Nó, mueve la cabeza.

Tiene dos cosas en mente, uno la idea de cumplir bien su misión y la otra es que todo esto es un misterio para el, pues acaba de nacer.

(Quizás tenga que leer el libro anterior para enterarse... ¿verdad?...) jajajajajajajajaja

CAPÍTULO 5

"EL SECONAFIN PRINCIPAL"

.- Amado Creador, no sabes cuanto te agradezco esta información, meditare bien mi tarea, para hacerla **en Perfección**.
(Dice Jetze-Nó).

.- Ponte en contacto con los **"Jerarcas seconafines del superuniverso"** y ellos te explicaran como efectuar tu misión.

.- Amado Creador, hay una fiesta en las esferas centrales.

.- Si, en la tercera esfera del Padre, donde se crean los súper-elohims.

.- Me gustaría disfrutarla. ¿Me lo permites?

.- Como no. Acudid a la fiesta, informaros en el super-universo y luego acóplate a Teje-Ma y demás vehículos inferiores.

.- Gracias.

Consciente de que lo primero es cumplir su misión, Jetze-Nó se dirige inicialmente al centro del superuniverso.

Le pide a Sub-Sé si, por favor, le puede seguir acompañando. A lo que este accede.

Llegan a las estancias de recepción del centro del superuniverso y los guardianes del lugar, al ver que son seconafines, les abren las puertas de par en par, inmediatamente Sub-Sé pregunta donde esta el centro seconáfico, al cual se dirigen una vez saben el lugar.

Se encuentran frente a una puerta en llamas, y piden permiso a dos guardianes seconaficos.

Estos avisan al **"seconafin principal"**, que accede a recibirlos.

Al entrar, Jor-Diná, (el seconafin principal), levanta sus alas llameantes y se une a las de Sub-Sé, en un gesto de bienvenida.

En un instante, la habitación resplandece, se ilumina de una forma tan intensa que el Sol palidece a su lado.

Al terminar el saludo de reconocimiento, Sub-Sé presenta a Jetze-Nó.

.- Querido Jor-Diná, te presento a un seconafin "original". Mikael de Nebadon, le ha asignado una misión que tiene relación contigo, aunque no sabemos muy bien como tiene que hacerla.

.- No os preocupéis. Ahora mismo establezco una conexión.

Jor-Diná, pone los dedos en sus sienes y habla con Miká.

.- Gracias.
Ya entendí.

Dirigiéndose a Jetze-Nó, le explica que la misión de un seconafin, en general, es transportar la información de un lugar al siguiente mas elevado.
Por tanto, que su propia misión es la de elevar la información de este súper-universo a las esferas iniciales, donde estos seconafines las transportan al centro de los centros.

Así los comunicados llegan al **Origen de Todas las Fuerzas**.

Si este compuesto fuera un cerebro, los seconafines serian las neuronas transmisoras.

Jor-Diná aclara:

.- Esta al menos es mi misión, mi objetivo. Otros seconafines tienen otras misiones, según para lo que han sido creados. Y también tienen diversas formas.

.- Gracias por la explicación. Te lo agradezco infinitamente. Entonces… ¿Me podrías aclarar cual es mi misión?

.- Según tengo entendido, hubo una rebelión respecto al Plan Maestro del Creador de este universo, Nebadon.
Las **entidades elevadas de Luz**, decidieron proteger a otros planetas de dicho acto, aunque no pudieron con todos.

Aquellos que estaban de acuerdo con la rebelión fueron desconectados y entraron en una Cuarentena.
Afectó a planetas de más de una galaxia.

Parece ser que Miká cree conveniente levantar la Cuarentena a aquellos planetas cuyos habitantes hayan aprendido la lección.
Les va a reconectar con El, aunque no me ha dicho la forma en que lo va a hacer.

Los Seres de Luz con el rango correspondiente, deben colaborar en la tarea de observar:
Quienes ya están listos para dicha reconexión, e informar de ello a los estamentos adecuados.

Tú, Jetze-Nó, eres el informador de lo que vaya sucediendo.
Me tienes que informar y yo pasare el mensaje a los éteres superiores.
Aunque siendo un seconafin de las esferas centrales también tienes la capacidad de la vía directa.

.- Cuando el Consejo de Ancianos recibe esta información, aprende de la situación que ha ocurrido y se dirige a los Consejos Superiores para que estos deliberen.

Estas situaciones siempre son de aprendizaje.
Es una buena manera para que el Creador de un universo aprenda como se pueden manifestar sus hijos, desde sus energías más densas a las más sutiles.

En situaciones de conflicto, el Creador busca las soluciones adecuadas.

Si no se planteara ningún conflicto en la Creación, no habría evolución de dicho Creador.
Se estancaría a pesar de sus amplios conocimientos.

Bien, amados compañeros seconáficos, ¿creéis contestadas vuestras preguntas?.....

.- Si, claro...

Contestan ambos a coro.

.- No sabes cuanto te lo agradecemos.

.- Quisiera pedirte de favor, que si me surge alguna duda con respecto a mi misión, me pueda dirigir a ti para recibir una respuesta.

.- Claro, ¡como no....!!!!....
Aquí os espero siempre que me necesitéis.

.- Las alas de Jor-Diná se alzaron y a la vez las de Sub-Sé.

Jetze-Nó vuelve a asombrarse del gran resplandor que se produce.

Inmediatamente siente el impulso de unir sus propias alas con las de ellos dos.

Sus alas al ser más pequeñas llegan a la mitad de las anteriores.

La fusión de las seis alas a la vez, produce tal estallido de Luz, que las paredes se convierten en llamas de fuego, desapareciendo el concepto de pared.

Durante unos instantes la tremenda explosión alerta a los guardias, que entran para observar el grandioso espectáculo.

No es la primera vez, pero siempre se convierte en algo maravilloso, digno de observar.

Los guardianes doblan su rodilla inclinando sus alas para acercarlas lo más posible al centro.

Ellos saben que a través de esta gran fuerza se manifiesta la Luz de Dios y les eleva, aumentando su carga vibratoria, lo cual les ayuda a evolucionar.

Unos instantes después se desconectan y todo regresa a su estatus habitual.

.- ¡¡Muchas gracias…!!

.- Adiós…

.- Adiós…

◊◊

CAPÍTULO 6

"LAS MANOS DE DIOS"

.- Sub-Sé… ¿ya podemos ir a la fiesta?…

.- Claro,… ¡vámonos!!!…

Llegan a la tercera esfera del Padre y observan el bullicio, el ajetreo, la alegría.

Un angelito les ve acercarse y va corriendo a sus compañeros para avisarles de que no les saluden de la forma angélica.

Ya tiene experiencia de la situación anterior.

Así que, al pasar, inclinan sus cabecitas y procuran replegar sus alas.

Sub-Sé, que ya conoce el tema, repliega las suyas y saluda inclinando la cabeza, en señal de respeto.

Siguen avanzando y observando la estructura de la celebración.

Se han formado grupos de la misma especie angélica. Ríen y juegan los angelitos, dándose las manos y girando. Dan vueltas subiendo y bajando, flotando.
Se oyen grititos de júbilo.

Los arcángeles se agrupan en grandes círculos, hablando telepáticamente. Son círculos serios, serenos, de grandes pensadores.

Un segundo circulo de arcángeles, se ve diferente de los demás. Todos tienen espadas y un vestuario más guerrero. Llevan sandalias enlazadas hasta debajo de la rodilla.
Faldón y un peto semejante al que usan algunos guerreros en la tercera dimensión.

Una gran capa al viento, pelo largo ondulado y la espada en el lateral de su cuerpo.

Serios y serenos se están contando las batallas en sus dimensiones y orígenes de donde cumplen su misión.

Algunos ríen a carcajadas a las explicaciones de sus compañeros.

Atravesamos estos grupos angélicos y llegamos a los seconaficos.

El espectáculo es sorprendente, solo se ven soles flotando, enormes soles.

Mirando dentro de este gran resplandor, vemos grupos de seis seconafines.

¡Sus alas de fuego juntas!!!

Son doce alas que se unen formando este gran Sol de Luz y resplandor.

.- Ven, (dice Sub-Sé), unámonos a algún grupo de cuatro. ¡Allá hay uno!!…

Saludan al grupito, quienes les dan permiso para acercarse y unirse a ellos.

Al juntar sus alas, empieza a envolverles un gran resplandor.

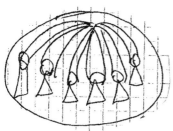

Jetze-Nó sonríe y su rostro se transforma por la enorme sensación que siente.

De pronto, aparecen imágenes en su mente.

Un paisaje precioso, una bella cascada, un campo lleno de flores, y Seres de Luz, danzando armoniosamente, flotando sobre el pasto.

Bonitas margaritas meciéndose por la brisa.

Bajo la cascada un lago profundo y un grupo de delfines moviendo sus cabecitas y saltando muy, muy alegres, y…. un grupo de unicornios a su alrededor.

Jetze-Nó no cabía en si de su asombro. ¿Qué era lo que sucedía?
Luego le preguntaría a Sub-Sé.

Siguió observando lo ocurrido en este bello paisaje.

De pronto, aparecen unas manos gigantescas en el cielo.

De las manos surgen Rayos de Luz intensos, que se reparten por todo el paisaje.

Todo se paraliza. Se aquieta.

Da la sensación de que se para todo para recibir esta Luz, esta maravillosa energía.

Los delfines completamente quietos, asoman sus cabecitas por el lago.

La cascada desciende suave en un ruido casi imperceptible.

De pronto, se termina todo, las manos se retiran y regresa a la normalidad, pero no es lo mismo.

Parece el mismo lugar, pero no lo es.

Ha recibido la bendición de "las manos de Dios".

Todo se ve más brillante, mas dorado, luminoso.

Al cabo de unos instantes se van separando los seconafines, sonriendo con complicidad.

Sub-Sé y Jetze-Nó dan las gracias y se separan del grupo, siguiendo adelante.

.- Sub-Sé. ¿Qué ha pasado?… ¿Qué es lo que ha ocurrido?…

.- Ya sabes que los seconafines somos mensajeros en los universos y súper-universos. ¿No?

.- Si, claro…

.- Pues uno del grupo le ha comunicado a Dios que en uno de sus mundos hacia falta su energía.

Así que Dios le ha dado un chorrito de su Luz, a través de sus Divinas Manos.

Eso es lo que has visto, ¿no?

.- Si, unas manos encima del lugar.
Pero, ¿esto como funciona? ¿Se pueden pedir las manos de Dios, las bendiciones de Dios, en cualquier momento?….

.- ¡No, no, claro que no!!…
Nosotros los seconafines recibimos las ondas vibratorias de los seres de un planeta.

Por ejemplo, lo que has visto….
Esto es una muestra de lo que esta sucediendo en un planeta. Todos sus habitantes cantan, ríen, son felices y esto representa un estado vibratorio elevado.

.- Si, si,….Lo vi todo con mucha belleza, paz y armonía.

.- Pues cuando la energía esta así, los Seres de Luz del lugar piden a sus superiores la Bendición de Dios, el Permiso de Dios en definitiva, para pasar al siguiente nivel vibratorio.

.- Los seconafines somos los transportadores, por un lado del mensaje a Dios y por el otro, de Dios a los seres que van a subir su frecuencia.

Recuerda que somos los intermediarios, los transportadores, los mensajeros.

.- ¡Ahhh!!!..... ¿Entonces Dios te da la energía para que la lleves?

.- No es tan sencillo. En esos momentos somos la representación de Dios en ese planeta.

No se como explicártelo.

Bueno, para que te sea fácil y lo entiendas, imagínate que en medio de tu cuerpo hay un canal y que por el centro de ese canal circula una energía. Esta es la energía de Dios.

Solo nosotros tenemos ese canal. Se nos ha asignado esta tarea y para hacerla se nos ha dotado de esta herramienta.

Tienes que comprender que la energía de Dios es tan poderosa, tan potente, que si bajara directamente explotarían todos los mundos.

Bueno, es una manera de decirlo.

Jajajajajajajaja….

Hay que graduarla, adaptarla.

Nosotros la llevamos a los arcángeles y ellos a los ángeles y por fin al mundo correspondiente.

Como ese traspaso se produce de forma instantánea, lo que has visto tu es que del origen, las Manos de Dios, la energía llega al final, las criaturas y su mundo.

.- Gracias. Ha sido una gran bendición encontrarte a ti. Tienes todas las respuestas. Gracias, gracias.

No sabes cuanto me alegro de nuestra relación.

CAPÍTULO 7

"COMO SE CREA UN ELOHIM"

.- Y… ¿esto qué es?….

Jetze-Nó le pregunta a Sub-Sé al ver unas carrozas llenas de seres juguetones, que están saludando a la gente que les mira.

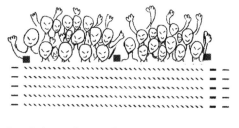

.- Son los nuevos elohims.
Los que han sido creados hace poco.

.- ¡Ahhh!!!….
Y tú, eres un "creador de elohims", me dijiste, ¿no?…

.- Si, si,… Tal y como te mencioné….

.- Y… ¿Cómo se crean?… ¿Cómo nacen?….

.- Bien, tal y como te expliqué… Nosotros los seconafines, somos los intermediarios, los Mensajeros Supremos.

.- Si, eso ya lo entendí… ¿Y…?

.- De acuerdo.

La creación de elohims o seres creadores depende de dos posibilidades. Una, que la voluntad de Dios así lo considere y la otra es que, en las esferas, donde surgen, necesiten de ellos.

Si es mediante la voluntad de Dios, El los crea como lo desea y los manda donde son necesarios.

Si se parte de la necesidad, porque faltan Seres Creadores en las esferas, nos encargamos algunos seres de Altísima Frecuencia, de hacerlo.

.- ¿Y como se crean?

.- Por duplicación.

.- ¿Y como es eso?

.- La duplicación tanto puede ser mediante seres de raíz pura, como mixta.

(Anexo 1.- Explicación de los Rayos Manásicos).

Si la energía solo es del Rayo Blanco, de la Pureza, los elohim padre y madre se ponen uno frente al otro, uniendo sus manos y su mirada.

Vibran… Vibran… Y de esa vibración sale su retoño.

Antes deben tener claro la energía que deben emanar.

Si son del Rayo Blanco,… pueden emanar la Pureza, la Ascensión.

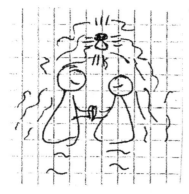

Y teniendo en cuenta que el Rayo Blanco, los comprende a todos....

Ese retoño, se supone que puede manifestarse a través de cualquiera de ellos.

Los elohims puros tienen retoños puros, los elohims de mezcla energética variaran.

En el planeta Tierra hay muchos elohims, Seres Creadores que están moviéndose de incógnito por el planeta en un cuerpo humano.

Si es un elohim del Rayo Rosa, será muy bello de corazón, armonioso y no querrá saber nada de guerras, solo querrá amor y se hallará en esa búsqueda.

Si es del Rayo Azul, es un o una guerrero/a.
Preparándose continuamente para la batalla, son protectores, grandes amigos, hermanos mayores, policías, del ejército,…

Los del Rayo Amarillo son inteligentes, sabios, buscan aprender y evolucionar a través del pensamiento. Su cuerpo mental esta muy activo.

Son maestros, profesores, grandes pensadores, ayudan a la humanidad con sus inventos, colaboran en su evolución mental.

Los del Rayo Violeta son servidores, su afán es ayudar, suelen ser sacerdotes, asistentes sociales, etc.

Los del Rayo Verde tienen como cualidad la sanación. No les gusta el sufrimiento y buscan la manera de ver felices a la gente a su alrededor. Son médicos, enfermeras, fisioterapeutas.

Los del Rayo Morado-Oro, buscan el servicio planetario, forman parte de las ONG, alcaldes, etc....

Cada uno de ellos es Creador y por tanto portador de dicha energía.

Están en la Tierra practicando y experimentando sus cualidades.

Los demás humanos no ven su capacidad energética, pero sienten que estos son personas distintas de los humanos normales.

Incluso ellos mismos, los elohims, no saben sus orígenes ni sus capacidades, para que puedan experimentar y evolucionar sin interferencias.

En la medida en que evolucionan buscan sus orígenes, miran al cielo y sienten la añoranza.

.- Si, si, claro.

.- ¿Sabes que también hay ángeles en cuerpos humanos?

.- ¿Cómo yo?... ¿Hay seconafines en cuerpos humanos?

.- Bueno, bueno. Tal vez pensar en seconafines es un poco complejo, pero, si hay angelitos del "mundo inicial"... que toman cuerpo con el fin de ayudar y servir. Y si no lo pueden hacer, se ponen muy tristes.

.- ¡Caramba!!!…

Saludan a los elohims chiquitines que van pasando en las grandes carrozas con los vítores y las alegrías de los ángeles y de otros elohims más maduritos.

Confeti y pétalos de flores vuelan por los aires.

Se respira un aire de felicidad, amor y armonía…

Pero sobre todo, de Alegría, Risas y Júbilo.

- JETZE-NÓ -

SEGUNDA PARTE

"NOVEDADES DIVINAS"

CAPÍTULO 8

"DIOS ORDENA"

Y DIJO DIOS:

.- Voy a acceder a los universos para observar como se cumple mi "nueva voluntad".

Y Dios tomó de su propia forma y emanó a ISAIA, "su voluntad".

El PLAN SUPREMO es el Plan que tiene Dios, "el Supremo" para su obra.

EL PLAN MAESTRO es el Plan de "un Creador" y esta bajo la dirección del PLAN SUPREMO.

(Su Plan debe estar bajo esta iniciativa),

El Supremo le explica a ISAIA:

.- Mí querido Yo Mismo en voluntad, vamos a movernos por los distintos espacios etéricos para dar la buena nueva de la existencia de un nuevo PLAN SUPREMO.

.- ¡Si… si…!!! ¡Que bien!!!

.- Voy a ponerte en manos de un seconafin para que te muevas por los éteres con el.

Vamos a ver….

¡Ah… si!!….

Se ha creado un seconafin "original" y unigénito, limpio en conciencia y corazón.

Voy a llamarle. Se que cumplirá muy bien esta misión.

Jetze-Nó estaba divirtiéndose en la fiesta de los elohims, cuando…

De repente…

Es absorbido y aparece delante de **Dios el Supremo**.

Y DIJO DIOS:

Jetze-Nó te he llamado para que transportes a una parte de mí; desde los éteres más profundos a los planos más densos.
Esta parte soy YO MISMO, mi **"Nueva Voluntad Manifestada"**.

Te confío esta misión.

Jetze-Nó pasa de la sorpresa a la admiración.

No sabía muy bien que hacer.

No entendía por qué había sido elegido precisamente él para esta tremenda misión.

.- No sabes cuanto te agradezco tu consideración. (Comenta Jetze-Nó).

Y sigue Dios:

.- Para que todo sea más fácil, me voy a acoplar a ti.

Lo haré desde este punto de partida superior seconáfico a tu vehículo más denso llamado Susi en el planeta Tierra.

Empezaremos recorriendo los éteres observando el resultado de esta **Nueva Luz**.

.- Muchas gracias, Dios el Supremo.

Dijo inclinándose,

Jetze-Nó estaba en plena crisis...Aun no acababa de entender su misión y ya tenia que ponerse manos a la obra con una superior.

.- ¡Madre Mía!!!!...... ¡Madre Mía!!!!!......
¿Sabré hacerlo?

(Piensa internamente)

Por favor.... Por favor... por favor.... ¡Que sea capaz de hacerlo todo!!!...

Dice juntando sus manitas de fuego.

ISAIA tomo una forma, parecía un "ojo de Dios", bastante divertido.

Ahí le vemos: Un gran ojo, para ver muy bien, unas buenas orejas, para escuchar, una boquita con una gran sonrisa y una bolita arriba flotando, para una buena comunicación.

La bolita superior se puede transformar en un ángel o en cualquier entidad divina que ISAIA precise.

Es un apoyo en su viaje a los mundos densos.

ISAIA habla con el seconafin:

.- Hola Jetze-Nó, me puedes llamar ISA.

¿A donde vamos primero?…

.- Pues… Pues…

Dice Jetze-Nó frotándose las manos…

.- Pues… pues…

Dándole vueltas a su cabecita se estaba poniendo muy nervioso.

No sabia qué debía hacer.

Y encima estaba ante la **"Voluntad Divina".**

.- Pues… pues…

.- jajajajajaja… No te pongas nervioso. Empecemos desde el principio.

Llévame a tu vehiculo inferior siguiente.
¿Qué es? ¿Un elohim?….

.- Si, Si…. Vamos a ver al elohim…

¡Buff!!…. (Piensa Jetze-Nó), menos mal que es Dios…

Y como Dios todo lo sabe… ¡Madre mía!!…. ¡Madre mía!!…

CAPÍTULO 9

"ENCUENTRO ENTRE DIOSES"

Entra Jetze-Nó en el espacio donde se halla Teje-Ma….

.- Hooola… ¿Qué tal?…

Teje-Ma esta observando a través de Danae a su vehiculo inferior, Susi, a ver que esta haciendo.

Esta lava los platos tranquilamente.

Como esta acción no le implica dedicación, deja de mirar y se gira hacia Jetze-Nó. …..

.- Hoola… ¡Muy bien!…

Observa que hay alguien más…

.- ¿Y tu quien eres?….

.- Hoola… Me llamo ISAIA, pero llámame ISA.

De repente a Teje-Ma le embarga una tremenda emoción y muchas ganas de abrazarle, de fusionarse con ISAIA.

Se acerca y ve que **El** hace lo mismo.

La atracción entre ambos es tremenda y hay una gran comunicación "no verbal".

Se funden "literalmente" y se convierten en uno.

Jetze-Nó les mira con gran sorpresa.

Esto no se lo imaginaba.

El elohim desaparece por momentos y solo se puede ver a ISAIA.

¿Qué es esto?.... ¿Qué ocurre?...
Se pregunta Jetze-Nó.

Como ISA y Teje-Ma captan la energía del seconafin, se giran los dos a la vez mirándole.

.- jajajajajaja...

.- Te extrañas, ¿verdad?...

.- Si, claro... ¿Qué ocurre?... ¿Por qué hacéis esto?...

.- jajajajajaja...

Teje-Ma responde:

.- Yo Soy un Ser Creador y El es el **TODO CREADOR**.

Me siento una parte de El.

ISAIA añade:

.- Yo Soy el **SUPREMO HACEDOR**.... Manifestando la Voluntad Divina a través de este organismo.
Todos formáis parte de MÍ como **TODO ABSOLUTO**.
Y reconozco a mis Chispas Divinas.

.- Pero, … (dice Jetze-Nó) …

¿Por qué conmigo no ocurre lo mismo?…

.- Porque tu "transportas" las energías y el elohim es creador.
Como **YO**.

Por eso nos identificamos más.

Pero no te preocupes, únete a la fiesta.

El seconafin, levanta sus enormes alas e intenta unirse a los dos anteriores.

Se da cuenta que este no es el sistema.

Busca la forma de que un seconafin se acople a Dios y a un Creador.

Lo intenta de varias maneras, ve que el tema de las alas no le funciona y piensa en fusionarse mediante sus llamas de fuego…

Tampoco.

Cada vez se pone más nervioso….

A punto de romper a llorar lágrimas de fuego.

Les mira. Ve lo bien que se acoplan.

Mmmm ...mmm... mmmmm (pucheritos)...

ISAIA por ser Dios le comprende muy bien, se acerca a el y le absorbe en su interior... ¡psap...!!!

Luego se acerca al Elohim y hace lo mismo... ¡psap!!!...

ISAIA lo absorbe todo, es Dios en Acción...

Pasan un tiempo fusionados, recibiendo "Carga de Luz del Origen".

Jetze-Nó y Teje-Ma... Sienten esta nueva vibración, como un gran bálsamo.

Pero llega el momento en que ya es suficiente y se separan.

Los tres se miran con una gran admiración.

Teje-Ma, el elohim, pregunta a ISAIA cual es el motivo de su existencia y venida a estos planos.

.- En primer lugar, es una gran alegría encontrarte.

Soy una "Emanación Directa de Dios".

Soy la VOLUNTAD DIVINA.

.- Muy bien.... Gracias por venir a visitarnos. (Dice Teje-Ma).

.- Gracias, pero realmente no es una visita de cortesía.

Vengo para que te acoples a mí y a través de ti se cumpla **MI VOLUNTAD.**

.- Estoy dispuesto. ¡Adelante!!.... ¡Cuando quieras!!...

.- No te preocupes, cuando nos hemos abrazado ya he efectuado el enganche oportuno.

.- ¡Ahhh!!.... ¿si?....

.- Si, claro... Este tema ya esta listo.

.- Muy bien...... ¡gracias!.... ¡gracias!!!...

Y ¿Cómo nos afectará esto a partir de ahora?...

.- Simplemente lo que tú hagas en todos tus cuerpos será bajo la Voluntad de Dios.

.- ¿Incluso mi cuerpo mas denso, el de Susi?

.- Si, claro,...

Este más que ninguno, ya que tú lo adaptaste en su momento para que así fuese. ¿O no?...

Lo has preparado para que...

SIEMPRE cumpla **LA VOLUNTAD DIVINA.**

.- Si, si... claro....

.- ¿No has notado algo diferente en mi?...

.- Si, he notado tu emergía como algo distinto. ¿Es que ha sucedido algo?

.- Si. Terminó una gran ronda y los que salieron ya han regresado.

Al término de esta gran ronda la energía no es la misma. Tengo una gran cantidad de experiencias y evolución en mi haber.

La fuerza que esta surgiendo, la podemos llamar NUEVA LUZ.

.- ¡Nueva Luz...!!!..... ¡Que bonito!!!....

.- Si... ¿Te gusta?....

.- Si, si... Mucho...

.- Bien, esta Nueva Luz, tan experimentada y evolucionada ya empieza a surgir y rebosa en todos los mundos, empezando por el centro de los centros y llegando a los mundos básicos, iniciales.

Y con ello a todos los seres que los componen.

.- Y ¿tiene algún nombre?...

¿Una forma vibratoria que podamos usar como nombre?

.- Si, la vamos a llamar:

"RESKARENDAYA".

.- ¡Uyyy!!… ¡Que bonito!!…

Jetze-Nó permanece en un ladito observando como Dios y el elohim charlan animadamente.

No entiende muy bien cual es su papel, ya que se supone que el es el enlace entre ellos.

¿Y ahora qué?… ¿Qué tengo que hacer?…

CAPÍTULO 10

"RESKARENDAYA, LA NUEVA LUZ"

ISA y Teje-Ma, se entienden perfectamente.

Teje-Ma con su gran curiosidad le cose literalmente a preguntas.

.- Y… ¿Como va a influir Reskarendaya en nosotros?…

.- Como es la suma de toda la energía registrada, no se puede emanar total y absolutamente en los mundos ya creados, que se mueven mediante la anterior energía.

Así que el Plan es comenzar de una forma suave e ir gradualmente elevando la potencia energética en la medida en que pueda ser admitida.

.- y… ¿esto como se hará?….

.- Bueno, como Dios lo comprende todo absolutamente, tiene la capacidad de hacerlo **en Perfección**.

También te quiero comentar que esta Nueva Luz es muy sutil, sensible, femenina diría yo.

En fin, que vamos a considerarla como una **"MADRE DIVINA"**.

Y así me comienzan a ver de una forma distinta.

Dice ISAIA, mirando a sus patitas, que mueve suavemente.

Y sigue…

.- Me han comentado que en algunos lugares más densos, ven a Dios como a un hombre:

Estricto, serio, anciano, gruñón y a veces un poco tristón.

Ahora vamos a ver la imagen de Dios como una mujer joven, bonita, sencilla, alegre y divertida.

Es decir,

YO SOY UNA EMANACION DE LA VOLUNTAD DIVINA.

De
"RESKARENDAYA"

SOY…

LA NUEVA LUZ…

MANIFESTÁNDOSE.

A ti ya te he impregnado de esta nueva energía y ya formas parte de este NUEVO YO.

¿Qué te parece?…

A lo que Teje-Ma responde:

.- ¡No sabes cuanto te lo agradezco!!!…

Y… ¿Qué vamos a hacer juntos?…

.- De momento explicarlo desde lo más denso a lo mas sutil, a quien aun no lo haya captado.

.- ¡Ahhh!… ¡Muy bien!!

.- Vamos a ver como lo captan los vehículos densos. ¿Te parece?…

Susi lleva unos cuantos días inquieta. Algo esta pasando en el cosmos.

En la Tierra estamos en el año 1990.

Susi se pregunta… ¿Qué pasa?…. ¿Qué pasa?….

Se siente muy inquieta, hasta que al fin recibe la respuesta.

Un precioso ser femenino se le manifiesta.

Se presenta.

.- Luz, Paz y Amor.

Susi se arrodilla.

.- Gracias por venir.

¿Me puedes decir quien eres?

.- Mi nombre es **RESKARENDAYA, La Nueva Luz.**

.- Otra vez, gracias por venir.

¿Me puedes explicar el motivo de tu manifestación?

.- En el centro de los centros ha terminado un circuito. Las Chispas que salieron en un principio regresaron volcando sus experiencias.

La energía del origen ha evolucionado

Y, **Yo Soy...** la **EMANACION RESULTANTE.**

.- Gracias, Amada Señora.
Y ahora que tengo esta información, ¿Qué debo hacer?

.- Darle el mensaje al mundo de lo que ha ocurrido.

.- Y ¿Cómo debo hacerlo?

.- Ahora que hemos establecido esta primera comunicación, permaneceremos en contacto y te iré explicando lo que debes hacer.

Pero, todo ello de forma muy tranquila. No te preocupes.

.- Gracias Amada Señora.

Y ya Susi se tranquiliza al saber lo que esta ocurriendo y se dispone a esperar con paciencia a que la **Divina Señora** le muestre cuales son sus deseos.

Teje-Ma comenta:

.- Bueno…. Ya te has aparecido a Susi y ¿Qué hacemos ahora?…
¿Vamos a ver al Creador?…. Quizás seria bueno que te presentaras para que no tuviera una gran sorpresa.

.- Está bien. ¡Vámonos ¡!!!….

El Elohim y la Voluntad Divina van caminando y de repente alguien les llama…

.- ¡Eooo…!!. ¡Eoooo…!!. ¿Y yo qué hago?…

Dice Jetze-Nó, el seconafin, un poco frustrado viendo la complicidad de los otros dos.

.- ¡Vente con nosotros!!!…..

Dicen a dúo.

Se miran y se ríen porque los dos lo han dicho a la vez.

.- jajajajajaja….

Jetze-Nó va detrás arrastrando las llamitas, cayendo algunas de ellas al suelo.

Las llamitas caen y se van fundiendo con la energía del lugar, chasqueando como cuando vemos el fuego de una chimenea.

CAPÍTULO 11

"NUEVA INFORMACIÓN"

.- Amado Creador, yo te saludo.

.- Hola Teje-Ma. Veo que vas muy bien acompañado.

.- ¡Uyyy!!!… No te imaginarias nunca quien es este Ser…

.- Aunque ya lo se, me agradaría mucho oírlo de ti.

Preséntame a tus acompañantes, por favor.

.- Aquí tienes a ISAIA, la **"voluntad de Dios manifestada".**

El Creador Miká, inclina su cabeza en señal de respeto.

.- Gracias por venir. Infinitas gracias.

.- Gracias a ti por tu obra, por tu creación.

.- También esta con nosotros Jetze-Nó, el seconafin del Universo Central.

La sonrisa del seconafin es inspiradora.

Por fin se le tiene en cuenta.

Su corazón de fuego se exalta de júbilo.

Esta delante de grandes seres.

Todos ellos ya experimentados, sabios, cargados de Luz y energía.

Y aunque el es poderoso, mas que alguno de ellos, se siente pequeñito por su inexperiencia.

.- ISAIA. ¿Qué novedades nos traes del centro de los centros?

.- Miká, quiero que a tu universo llegue la energía de la **Nueva Luz**, expandiéndose de una forma suave, tranquilita.

.- Muy bien. Se cumplirá tu deseo.

.- También contarte que debido a tu emanación de Luz, tu universo esta listo para expandirse y llegar a convertirse en un superuniverso de la Nueva Luz.

Para ello las galaxias deben convertirse en universos.
Así que, en un principio, deben contraerse internamente y después expandirse más allá de sus propios confines.

El Sistema Solar se contraerá y después se expandirá para llegar a ser Una Galaxia.

Para que esto sea así, determinados planetas como Júpiter y Saturno se convertirán en soles y atraerán planetas a su alrededor, que en un principio serán cáscaras cósmicas, pero pronto serán bellos y hermosos planetoides.

Las lunas actuales serán sus propios planetas, es decir, dejaran de ser lunas para convertirse en planetas.

Y así la vida se expandirá.

.- ¡Que bien!!.... ¡Cuanto me alegro!!!...

¿Y que pasara con las criaturas que residen en los planetas habitables?...

.- No te preocupes, como todo es gradual quizás no se enteren de lo que les esta ocurriendo.

Solo serán informados de los acontecimientos los Seres **DESCENDENTES**, que están allí para ayudar y servir.

Lo que si es interesante es que esta evolución producirá mutaciones en sus códigos genéticos.

.- ¿Ahhh?.... ¿Si?... ¿Y como influirá?...

.- La Nueva Luz ira alterando el **Código Genético**, para adaptarlo a las nuevas emisiones vibratorias.

Todo ello gradualmente y de forma fácilmente asimilable.

Tenemos mucho tiempo por delante.

Ahora que estoy en tu universo, con tu permiso, lo iremos preparando.

.- Muchas gracias por la distinción que has efectuado, eligiendo este lugar.
Si me permites, me gustaría mostrarte mi creación para que me des ideas y me supervises.

Empezaré mostrándote un espacio maravilloso en la estrella Sirio.

Inmediatamente aparecen en el **Palacio de Cristal**, sede de las distintas Jerarquías y Consejos que dirigen esta parte del universo.

.- Háblame de Sirio.

.- Sirio coordina 28 Grandes Sistemas, como las Pléyades, Orión, Alfa Centauro, etc.....

Bajo estos grandes sistemas existen otros menores, por ejemplo, el **Sistema Solar**, donde ahora tiene Teje-Ma un vehiculo en forma humana.

.- Si, si.... Ya lo he visto.
(Dice ISA).

.- Si, si ... allí tengo a Susi, mi vehiculo mas denso. (Dice Teje-Ma).

Miká continúa:

.- Pues este Sistema Solar esta bajo la coordinación de las **Pléyades**, cuya estrella **Alcione** es la Sede Central.

En la puerta aparece el Presidente del Consejo de Ancianos de Sirio, Asun-Ké y el Presidente del Consejo kármico, Kasteda.

Saben de la llegada de ISA y vienen a recibirle con honores.
Ambos inclinan sus cabezas ante ISA y el Creador.

Abrazan al Elohim que les cae tan simpático y empiezan a desplazarse hacia el interior.

Jetze-Nó se queda en la puerta paralizado... ¿Qué pasa?...

¿Nadie viene a recibirme?...

¿Qué pasa con los seconafines "originales"?...

¿Nadie les tiene en consideración?...

Mientras va protestando detrás de ellos, oye unos grititos a su espalda.

TERCERA PARTE
"VISITANDO SIRIO"

CAPÍTULO 12

"QUINCE LLAMITAS"

.- ¡Hola !!... ¡hola...!!!!.... ¡Oye...!!!! .... ¡veeen ¡!!!!....

Unas pequeñas llamitas de su misma especie le están llamando.

Se dirige hacia ellas extrañado.

.- ¡Hola!!.... ¿Quiénes sois?...

.- ¡Hola!!.... Somos futuros seconafines.

Ya ves que somos pequeñitos.

.- Pero solo sois una llamita cada uno. A ver.... ¿Cuántos sois?...

Los cuenta y suman unos 15.

Sigue mirándolos con extrañeza.

.- Pero... Pero... ¡Bueno...!!!!..... ¿Cómo es eso?...

De pronto, se juntan formando una sola llama grande y en su interior empieza a aparecer una forma.

Le habla esta forma del interior y le dice:

.- Somos como tu. Pero vemos que no te has enterado de tu propia naturaleza.

Mírate detenidamente.

El seconafin se mira más atentamente y ve las llamas que le componen.

Se entretiene en una zona de sus alas y con gran sorpresa ve que son llamitas individuales que se han juntado para formar estas alas tan grandes.

Cada una de las llamitas es una entidad, un Ser.

Nunca lo hubiera imaginado.

.- Y… ¿entonces?…

¿Qué es esto?… ¿Qué pasa?…

.- Pues tu, como yo, no eres un individuo y ya esta.

Sino que cada una de las llamas de tu cuerpo es un ser vivo, entregado voluntariamente para formar ese Gran Ser que se manifiesta y esta hablando con nosotros.

.- ¡Ah…!… ¿si?….

Dice mirando sus manos donde muchas llamitas se mueven bajo su voluntad.

.- Esto ocurre en todos los lugares, en todas las esencias divinas, en todos los vehículos de las Chispas.

Todo esta formado por células entregadas a la Voluntad de la entidad que cubren.

.- ¡Uyyy!!… Ahora si que me has metido en un problema.

.- ¿Por qué?

.- Pues porque, si yo he sido creado para servir, también quisiera servir a estas llamitas que me sirven a mi.

¡Que crisis ¡!!!….. ¡Que crisis ¡!!!….

Jetze-Nó se empieza a marear.

Se le están juntando un montón de cuestiones a resolver.

Le pregunta a la forma de 15 llamitas.

.- Y… ¿Qué puedo hacer para servir a mis llamitas?…

.- Nosotros lo que hacemos son PACTOS y sobre todo mucha comunicación entre nosotros.

Hay que establecer prioridades.

.- ¿Y esto que quiere decir?…

.- Pues…. en primer lugar…

¿Cuál es la entidad mas elevada a quien tienes que servir?..

.- A ISAIA, la Voluntad de Dios.

.- Pues… esta es la prioridad.

Todos a una debéis servirle.

En los momentos en que no te necesite vamos a ver…… ¿cual es la segunda prioridad?

¿Cual es?

.- Servir al Creador del universo llamado Nebadón. Servir a Miká.

.- Pues ya sabes.

¿Tienes una tercera en los momentos en que no les sirves a ninguno de los dos?

.- Acompañar a mi vehiculo inferior, un elohim llamado Teje-Ma y a todos los vehículos inferiores de este.

.- De acuerdo, pues cuando todo esto se haya cumplido puedes estar pendiente de las llamitas que te componen, hacer algo por ellas.

.- ¿Por ejemplo?…

.- Puedes ir a lugares donde vamos los seconafines a jugar, a cargarnos de energía.

.- ¿Eso existe?…

.- Claro que si.

Ven, te lo mostrare.

Bueno, primero pregunta a tus superiores si te necesitan y explícales a donde vas.

.- De acuerdo, dice Jetze-Nó, dirigiéndose raudo como una centella a donde están sus jefes.

.- Con el permiso. ISA, Miká, Teje-Ma, Consejos y Jerarquías de Sirio.

.- Dime, (dice ISA), ¿Qué te sucede?…

.- Por favor. Te explico que me he encontrado aquí a un compañero al que llamo "15 llamitas" y me quiere enseñar un lugar de juegos para los seconafines.

¿Me dais permiso para ir con el a conocer el lugar?

.- Claro, dice ISA.

.- Claro comentan los demás.

.- Ve y disfruta, le comenta Teje-Ma.

Jetze-Nó se frota las manitas y agradeciendo a todos los presentes su bendición, se inclina y se retira con "15 llamitas".

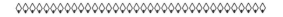

CAPÍTULO 13

"MIRNA"

Las llamitas de "15 llamitas" se fusionan con las de Jetze-Nó, con gran sorpresa por su parte.

.- ¿Qué es eso?..... ¿Qué ocurre?…

.- Nada… no te preocupes.

Ahora tú y yo somos uno y así es más fácil transportarnos.

Déjate llevar.

Pasan por distintas capas etéricas hasta llegar a una zona que es **solo fuego.**

Allí se siente en su salsa.

Es un fuego tranquilizador, un bálsamo perfecto.

Se deja caer en él y su esencia se separa de las llamitas que lo componen.

Se ríe internamente porque cada vez entiende menos lo que le esta sucediendo.

No acaba de asimilar una situación, cuando ya esta viviendo la siguiente.

¿Qué va a pasarle mas?…

¿Qué es eso de ver su cuerpo formado por millones de llamitas, todo separado y disgregado?…

En un principio le entra el temor de si podrá juntarlos otra vez para formar el cuerpo que tenia.

También piensa si será capaz de hacerlo y como se hace… como funciona esto.

Ve sus millones de llamitas juntándose con otros millones de llamitas de otros seconafines.

Más preocupación. …... ¿Cómo distinguiré las mías?… ¿Me obedecerán cuando les pida que volvamos a unirnos?…

Ya le entra dolor de cabeza.

¿De cabeza?…. ¡Si no tiene cabeza!!! …..

Jajajajajaja…

Entonces… ¿Qué soy?

Mira alrededor y solo ve llamitas y como no se ve a si mismo no sabe lo que es….

Tampoco sabe a quien preguntar.

¡Caramba!!!.

Pero…poco a poco… entra en un sueño reparador.

En el sueño se ve como seconafin y se siente seguro.

Al menos es algo conocido.

Y…en el sueño…ve muchos seconafines moviéndose a su alrededor, con gran velocidad.

Al ser la misma velocidad que tiene él, podríamos decir que lo ve a un ritmo normal.

De repente, se da cuenta que es un mundo habitado solamente por seconafines.

Que los hay de diferentes formas y colores y que sus llamitas se mueven constantemente.

En algunos observa que las llamas le cambian de color.

.- Que extraño…Creí que las llamas de fuego eran siempre de color rojo, pero veo que hay distintas opciones.

.- Voy a preguntar a aquel que tiene tantos colores.
¡Parece un arco iris !!!….

.- Hola…. ¿Me permites una pregunta?…

.- El seconafin "arco iris" se para un momento y sonríe.

.- Hola…me llamo MIRNA. ¿En que te puedo ayudar?

.- No quisiera molestarte.

Ante ella siente que todas sus llamitas se alborotan. No lo entiende, como ya esta siendo costumbre últimamente, pero sigue adelante.

.- No me molestas, he acabado una misión y todavía no me han encomendado la siguiente.

Es un buen momento para contestar a tu pregunta.

Mirna siente que le ocurre algo extraño cuando mira a este bello seconafin.

.- Quisiera saber… ¿Por qué tus llamitas son de distintos colores?

.- ¡Ahhh!!!….. ¿Es eso?….

Sonríe Mirna.

Ante su sonrisa, Jetze-Nó cree que se va a desmayar.

Habla internamente con sus llamitas y les dice: Por favor, compañeras, aguántenme firme, creo que me estoy desdibujando. Jajajajaja….

Mirna explica:

.- Soy una seconafin creada con el don de hacer cualquier misión que me encomienden.

Según que tipo de misión tengo, necesito que las llamas sean de un tipo de fuego o de otro.

Es así de sencillo.

Las llamas de colores de Mirna se desplazan despacio hacia las de Jetze-Nó.

Las de Él hacen lo mismo y de pronto se acercan tanto que algunas se funden con las otras intercambiándose.

De pronto Jetze-Nó ve que algunas de sus llamitas también cambian de color por afinidad.

.- Anda...¿Qué esta pasando?...

.- Tú y yo somos seconafines "afines".

Tenemos el mismo patrón de origen.

Debemos fusionarnos e intercambiar experiencias.

.- ¿Ah... si?

Dice sorprendido Jetze-Nó.

.- Si. Ya veras.... Déjate llevar.

.- Mirna se acerca un poco más y de repente, las llamitas se unifican.

Los dos desaparecen, a la vez que se muestra una entidad superior.

.- ¿Y ahora que?...

.- Ahora somos uno.

Eso ya fue **TOTAL de TOTAL**.

No sabría ni como explicarlo.

Un éxtasis maravilloso. Me gustaría estar SIEMPRE así.

Pero….

Pasa un corto espacio de tiempo y vuelve a ver a Mirna enfrente con sus propias llamitas arco iris.

Se mira y vuelve a ver sus propias llamas color rojo fuego.

Y despierta de su sueño.

.- ¿Qué ha pasado?…

Enfrente esta "15 llamitas" con sus llamas agrupadas, formando una entidad.

.- ¿Te ha gustado lo que has visto?…

.- Uyy… uyyyy… uyyyy…. Mucho…Mucho… mucho….

No sabría ni que decirte.

¿Tu me lo puedes explicar?

.- Pues… no, porque cada uno tiene sus visiones.

Cuéntamelo.

Después de explicarlo "15 llamitas" se queda pensativo. La verdad es que no se que decirte. Pero parece una historia de amor, de parejas, ¿no?…

.- Pues no se. Yo soy un seconafin "original" y no entiendo de parejas.

¿Tu sabes algo de eso?

.- Mira, la verdad...te seré sincero.

No tengo mucha idea.

Mejor regresamos a Sirio, quizás alguno de tus superiores o inferiores tiene la respuesta para ti.

Pero dime. ¿Estas contento?...

¿Te ha gustado el lugar de relajación?

.- Pues la verdad, muy relajado no estaba.

Me preocupó mucho ver mis llamas juntándose con otras y que estén separadas de mí.

No sabía qué podía ocurrirme.

Pero el sueño ha sido...ha sido...Tan y tan especial...

Oye, "15 llamitas"...

.- Dime.

.- ¿Podré volver a encontrarme con Mirna?

.- Pues no lo se.

.- ¡Crisis !!!... ¡Crisis !!!.... ¡Crisis !!....

Estoy en la peor crisis de las que he tenido....

¡Caramba!!....

¡Cuantos problemas tiene un seconafin!!....

◊◊◊◊◊◊◊◊◊◊◊◊◊◊◊◊◊◊◊◊◊◊◊◊◊◊◊◊◊◊◊◊◊◊◊◊◊◊

CAPÍTULO 14

"LA BIBLIOTECA"

El Presidente del Consejo de Ancianos de Sirio, Asun-ké, esta explicándole a ISA las estancias del lugar.

.- Aquí tenemos una biblioteca de "vidas pasadas".

Te presento al guardián de esta biblioteca. (Presentándoselo)

Aquí tenemos los **"Registros Akáshicos Personales"**.

Quienes lo desean pueden poner su mano en uno de estos recuadros y ver sus vidas anteriores.

Le explica, señalando una pared llena de unos espacios, parecida a los recuadros de una colmena.

En cada uno de ellos hay un símbolo.

La pared es infinitamente grande.

En estos momentos hay varias entidades con la mano puesta, cada uno, en uno de dichos recuadros. Tienen los ojos cerrados para ver esas encarnaciones.

Algunos lo están disfrutando y otros lo miran con cara de preocupación, parece que hay varios errores que rectificar.

.- Así se les ofrece una gran oportunidad de regresar a encarnar, pero con un nuevo programa.

Si me permites, te explicare como se efectúa el programa.

.- Muy bien, muy bien,…
Responde ISA, y se fija en una entidad en concreto que hace una cara extraña al poner la mano en uno de los recuadros.

.- ¿Yo podría ver lo que esta viendo el?
(Comenta ISA)

.- Si, claro, le vamos a pedir permiso.

Devonai. Te presento a ISA, la voluntad de Dios manifestada, ¿nos permites ver lo que estabas experimentando?.

.Si, claro.
(Dice Devonai, separándose de su recuadro e inclinando la cabeza ante ISA).

Como ISA es Dios no necesita poner la mano, solo se concentra y de repente ve un caballo con un jinete.

El caballo muy asustado, levantando sus patas delanteras para quitarse de encima al jinete.

Este golpeándolo más y más con un látigo que tiene escabeles en su punta.

La sangre mana por los costados y el cuello del hermoso corcel.

Hay una gran vibración de rabia por parte de ambos.

El corcel sufre lo indecible con este castigo.

.- Y ¿Cuál de los dos eres tu, Devonai?...

Le preguntan.

.- Es curioso porque yo soy ambos, aunque en una vida distinta cada vez.

En una fui jinete y maltraté a los caballos y en otra fui el corcel indomable, maltratado.

.- Parece desagradable según se vea desde un punto de vista u otro, pero es la forma en que se aprende en algunos planetas.

A esta acción le llaman **"Ley de Causa y Efecto"**.

Cada Causa produce un Efecto y viceversa.

Pasar por los dos bandos es la manera de aprender la lección y sobre todo de que vayas decidiendo el qué y el como, quieres hacer las cosas.

.- Parece muy interesante la aplicación de esta Ley.

En este universo se aplican las 10 Leyes Básicas... ¿me imagino?

(Ver Anexo 2.- Las Leyes de Hermes).

.- Si, claro…

.- Bien, ¿seguimos el paseo?

.- Si… por favor….

Se desplazan por el interior y le muestran las distintas estancias donde se reciben a los **"Grandes Consejos Interplanetarios".**

Maravillosas estancias llenas de Luz. Algunas con deliciosos manjares y refrescantes bebidas.

.- ¿Quieres probar algo de esto?…

.- Muchas gracias.

.- Son deliciosos elixires llenos de energía pránica, elaborados por los mas famosos cocineros sirianos.

.- Mmmm… Se ve delicioso….

Exquisito.

A la voluntad de Dios no le hace falta acercarse, ya que con solo su pensamiento se enriquece con ello.

.- Y este paisaje que se ve por fuera…. ¿Qué es?

.- Es el **Mar de Cristal**, donde hacen su concilio los **Seres Oceánicos.**

.- ¿Y las casitas de las montañas?…

.- Cuando vienen las entidades que se van a quedar un tiempo les alojamos allí.

.- ¿Y estas altas columnas, estos minaretes?...

.- Son residencias fijas. Quizás Teje-Ma te pueda comentar.

Le cede la palabra.

.- Amado ISA, estos minaretes son habitaciones que tienen las entidades con cuerpos de Sirio.

Yo, sin ir mas lejos, tengo un cuerpo de Sirio que ya has visto, se llama Danae y tiene una habitación en uno de ellos.

En realidad, el Palacio de Cristal donde estamos tiene una estructura parecida a la de Disneylandia.

.- Y eso de Disneylandia ….¿que es?

.- Un siriano encarno en la Tierra en un cuerpo que se llamó Walt Disney.

Este humano construyó un palacio para disfrute y regocijo de los otros humanos, al que llamo "Disneylandia".

El recuerdo que tenia del Palacio de Cristal, hizo que tuviera un sueño, y se creara una copia parecida en la Tierra.

Así los sirianos que acuden a ese lugar, se maravillan porque reconocen ese parecido.

.- ¡Que interesante!!...

Aunque Dios ya lo sabe todo, le gusta que le expliquen las cosas, porque de esta manera evolucionan quienes lo hacen.

CAPÍTULO 15

"EL AMOR CÓSMICO"

Jetze-Nó se pregunta:

Y… ¿no voy a ver mas a MIRNA?….

Y … ¿no voy a entender qué es lo que nos ha pasado?…

Y… y … ¿?????

Caramba… me siento extraño.

Hay una zona de mi cuerpo, aquí por el corazón, que se mueve de una forma extraña.

¿Qué es esto?…

Las llamitas no saben.

Miran todas a "15 llamitas" y este se encoje de hombros.

Están en la puerta del Palacio de Cristal, observando a todo el grupo que se pasea con ISAIA ante una **fuente** de **"Agua Reparadora".**

Es muy amplia y hay seres de todas clases, formas y colores, nadando en ella.

Pero Jetze-Nó sigue sumido en un mar de dudas.

.- Oye "15 llamitas", ¿no me puedes presentar a alguien que me hable de Mirna?

.- ¿Aun estas dándole vueltas?

.- Es que no me lo puedo quitar de la cabeza.

.- Esta bien, te voy a presentar a... espera...vamos a ver....A...

Ya se...

Al **"AMOR CÓSMICO"**.

.- ¿y esto que es?

.- Ven,... vente conmigo, esta gente sigue muy ocupada y no te necesitan en este momento.

Se desplazan por el interior del Palacio de Cristal y llegan a una puerta en forma de corazón.

.- ¿Podemos pasar?...

.- Adelante.

.- Hola "Amor Cósmico".... Mi amigo seconafin Jetze-Nó y yo quisiéramos hacerte unas preguntas.

.- Esta bien... ¡pasad!!!...

Jetze-Nó abre y cierra los ojos para intentar ver lo que hay en la sala, pero solo siente una gran corriente de amor, de dulzura, una energía que no sabría expresar.

Cierra los ojos y sigue a "15 llamitas".

Ambos se desplazan juntos hacia donde surge la voz.

Cuando llegan al origen de ella, Jetze-Nó no cabe en su asombro.

Parece una imagen humana.

¿A que le recuerda?....

Ahhhhh…. Si…….

A Jesús de Nazaret.

.- Perdona… ¿tú eres Jesús de Nazaret?…

.- Algo parecido. A mi me llaman

"CRISTO CÓSMICO" o **"AMOR CÓSMICO"**.

Soy un vehiculo superior de la energía del Creador, Miká.

Mi energía es la de la segunda emanación:

El Hijo, de la Santísima Trinidad.

.- ¿Y tu entiendes de amores?

.- Soy **EL AMOR PURO EN CONCIENCIA**.

.- ¡Caramba!!!…

Esto suena a algo importante ¡!!….

Y ¿**TU** me podrías ayudar?…

.- Cuéntame en qué precisas mi ayuda.

Le explica al **CRISTO CÓSMICO** lo que le ha sucedido con Mirna.

.- Me parece muy interesante.

Y.. ¿te fijaste en qué o cómo… era la entidad superior que surgió de vuestra fusión?

.- ¡Ay ¡!!… ¡Pues en eso no…!!!

Estaba tan emocionado, era algo tan fantástico y maravilloso que no tenía capacidad de ver otras cosas.

.- Podemos deducir que de dos seconafines fusionados va a salir algo mas elevado.

.- ¿Qué es mas elevado que un seconafin?…
(Pregunta el Cristo Cósmico).

.- ¡No se que nos sigue por arriba!!

.- Está bien, te invito a que lo investigues.

.- Lo haré. Gracias.

.- De todas maneras esta atracción tan fuerte y tan especial suele sentirse ante alguien que tiene una conexión contigo muy antigua.

Si es la primera vez que os habéis encontrado, seria interesante revisar de tu cuerpo hacia abajo a lo más denso y lo mismo del suyo.
Quizás revisando vuestros orígenes y destinos podrás llegar a algún punto en común.

Seguro que os conocíais de antes.

También te invito a que investigues.

.- Gracias Amado **CRISTO CÓSMICO**.

Te tenemos en nuestro corazón.

Tras una inclinación se desplazan hacia el exterior.

.- ¡Caramba!! Esto cada vez se me complica más.

¡Caramba!!….. ¡Caramba…..!!!

¿Y donde encontrare yo a MIRNA…????

¿Dónde estará?…

.- Oye…. "15 llamitas"….

¿Y si me llevas otra vez al lugar de descanso seconáfico?…

¿Por qué no me enseñas como ir y así no te lo tendré que ir pidiendo cada vez?…

.- Está bien.

Pide permiso a tus superiores.

Aun no acaba de decir esto y Jetze-Nó recibe en su mente un mensaje de ISA

.- ¡Vete...!... ¡Puedes ir!!... Pero no te retrases....

Por si te necesitamos, permanece en comunicación abierta con nosotros.

Jetze-Nó, sacude la cabecita.

Esto cada vez se complica más.

Pero a la vez es más interesante y misterioso.

Ya se frota las manos pensando en que va a ver a Mirna.

.- Venga "15 llamitas", ¡vamos!!!.... ¡vamos!!!!....

Por favoooor... ¡Vamos!!!.... ¡vamos!!!....

Jetze-Nó esta muy impaciente.

Llegan al lugar de descanso de los seconafines.

Inmediatamente siente la paz y la nutrición. Las llamitas se dispersan volando, en busca de alegría, risa y juego, compartiendo con otras llamitas disgregadas.

El ya no sabe qué es. Pero ya no le importa ni quiere saberlo.

Tampoco le interesa si luego se volverán a juntar las llamitas formando un cuerpo o no.

Todo le da igual, solo espera dormirse, descansar....

Dormir...dormir... dormir....

Y soñar... soñar... Soñar....

CAPÍTULO 16

"EN UNA BELLA ISLA"

Abre los ojos y se ve en una isla, ahora se ha convertido en una linda chica que esta preparando una corona de flores.

Para que tú, lector, lo entiendas, estaríamos en un paraíso como Hawai o Tahití.

Allá es típico hacer coronas de flores. Son flores grandes, blancas, olorosas.

Se mira y ve un hermoso cuerpo femenino, con una falda confeccionada con hojas de palmera, los pechos descubiertos y una gran sonrisa de felicidad.

De pronto, del mar surge un hombre joven con unos peces en la mano. Riendo. Camina con gran presteza hacia ella.

El hombre esta desnudo.

.- ¡Kauna!!… ¡Kauna… ¡!!

.- Dime Tomoa

.- Mira lo que he pescado... ¡son los que a ti te gustan...!!

.- ¡Que bien!!!!.... ¡Como vamos a disfrutarlo!!!...

Jetze-Nó empieza a ponerse nervioso... ¿Qué es esto?... ¿Dónde esta Mirna?....

Esto no es lo que esperaba.. ¿Qué esta sucediendo?...

Y el se ve como una chica... que lío de sexo...

¿Ahora es de sexo femenino?...

¡Que estrés!!.... ¡Que estrés!!!...

Y ahora ¿Qué tengo que hacer?... ¿Dónde esta Mirna?...

¿Estará por aquí?... ¡La tengo que localizar!....

¿No hay nadie que me pueda ayudar?....

.- Tomoa, mira que corona de flores te he hecho...

.- Que bonita, mi bella esposa.... Todo lo que haces me parece maravilloso.

¡Ah!... O sea... que son una pareja. Bueno... y ¿ahora que?...

¿En que lío me he metido esta vez? ¿Cómo salgo de esta?...

Bueno... a lo mejor para poder salir, tengo que saber donde estoy y buscar la puerta de cómo se sale de ahí.

Y este Tomoa, haciéndome arrumacos.... ¡Como me toquetea!...

La verdad es que me gusta.

Jetze-Nó siente placer en las caricias de Tomoa.... Le gustan. Se acerca a el y le acaricia también.

Una espiral de felicidad recorre su cuerpo.... Y la imagen de Tomoa se desdibuja apareciendo Mirna a través de el.

.- Hola... soy Mirna...

.- ¿Qué?.... No entiendo nada.

Por favor, explícate.

.- Estamos en una vida en que fuimos pareja... por lo que sea nos han trasladado a este momento... Yo tampoco entiendo muy bien por que... debe ser algo de nuestros guías....

.- Que guías... ¿Yo tengo guías?...

.- Jajajajaja... claro... todos los seres tenemos guías... entidades de Luz que nos ayudan a crecer y evolucionar...

Tu y yo tenemos unos guías angélicos... son de la categoría de los **supernafines**... ángeles superiores a nosotros....

.- Caramba... que difícil es todo... ¿verdad...?

Eso de nacer sin la información pertinente te hace quedar como bobo...

.- No te preocupes.

Oye... ¿sientes mis caricias?...

.- Este cuerpo que tenemos ¿de que categoría es?...

.- Es un cuerpo llamado "humano"...

.- Pues en este cuerpo "humano" tengo muchas sensaciones y son muy distintas de las que tengo en mi cuerpo seconáfico.

Aquí siento el placer... lo disfruto... en mi cuerpo seconáfico todo es orden y servicio...

.- Por eso tenemos ahora esta posibilidad... para que descubramos que hemos vivido otras vidas, aunque seamos seconafines....

Y además... (Con un mohín de pilla).... Disfrutar de los cuerpos y su sensibilidad.... Ven... acércate....

Kauna y Tomoa se funden en un abrazo y las sensaciones se mueven profundamente. Sexualmente.

Jetze-Nó no cabe en si de su asombro... esta teniendo una relación sexual con un hombre humano.... Es algo inconcebible... pero... a la vez... tan extraordinario....

Sus sensaciones son indescriptibles....

Siente que su cuerpo experimenta el placer y la energía aumenta y aumenta....

Va subiendo....

Al final... llegando a la culminación,.... La energía se deposita en el cuerpo del seconafin...y este se nutre de sensaciones y carga energética.

.- ¡Caramba! …. Esto no me lo podía ni imaginar….

¡Es impresionante…!.

O sea… que… aquí, en la parte humana se sienten unas sensaciones y al final en la parte seconáfica se disfrutan también ¿y es una súper-recarga energética para nosotros…?

Oye Mirna… ¿y eso lo podemos repetir mas veces?.
Porque, la verdad, me siento… Me siento… Bueno… no se ni como expresarlo…. jejejeje

.- Los humanos se elevan a través de este tipo de relaciones… siempre que sea con amor, con cariño, con ternura.

Y cuando es así… Como ellos son fundas de vehículos superiores, estos superiores también se nutren de esta energía… como ha ocurrido ahora.

A que te ha gustado. ¿Verdad?.

Pues las parejas se tienen que tratar así, con delicadeza y cariño.

A veces, es de forma violenta,… y eso no nos gusta a la Luz que todos somos… porque nutre estas otras energías y…

Aunque de todo se aprende…. La felicidad esta en sentir amor y eso es lo que te eleva al fin.

.- Mirna. Desde que te conozco estoy descubriendo un mundo nuevo.

Por favor, no me dejes….

CAPÍTULO 17

"VIDAS Y VIDAS"

Kauna y Tomoa están enlazados descansando, después de esta fascinante relación....

Jetze-Nó esta entendiendo y sobre todo sintiendo, qué es lo que le gusta y como funciona este tema.

.- Oye... entonces cuando no es con amor y con cariño...

¿Qué pasa?...

Háblame...pero no me sueltes....jejejeje

.- jajajajaja.... ¡Que lindo eres...!... bueno... que "linda" en este cuerpo humano femenino... jajajaja....

Y que lindo en tu cuerpo seconáfico.

A ver... que te cuento... los humanos están en el planeta para aprender de todo... desde lo más denso a lo más sutil.

.- Lo mas denso.... ¿Qué seria?...

.- Bueno… lo mas denso son energías densas como la rabia, el odio, la envidia,…

.- Y… ¿lo más sutil?…

.- El amor, la dulzura, la ternura, la comprensión,….

.- ¿Y todo lo tienen que aprender?…

¿Cómo funciona esto?….

.- A ver… como te lo explico….
La humanidad cuando nace en la Tierra, por primera vez, experimenta lo mas denso y en la medida que evoluciona y se da cuenta de que este estado denso no le conduce a la elevación espiritual, va cambiando y alcanzando, por su propio deseo y conciencia, mundos mas sutiles. Tiene otros deseos.

Piensa que en la Tierra la humanidad tiene tres vehículos, uno físico, que es con el que se ven los unos a los otros…y en otra dimensión mas sutil, tiene uno emocional y otro mental.

Con el físico viven experiencias de salud… o de accidentes… o de estar guapos o feos… gordos o flacos….

Siendo hombre o mujer.

En diferentes vidas van teniendo diferentes aspectos físicos y cuestiones de salud para ir evolucionando con ello.

Si siempre fuera todo igual, la evolución seria más lenta.

También cambian emocionalmente, en una vida son mas sensibles, en otras mas duros....

Mas comprensivos... o menos...son tolerantes...o no...

Y la siguiente evolución es la mental.... Siendo muy listos.... muy tontos... teniendo muchas ideas... siendo subnormales....

Los humanos pasan por todos estos estadios evolutivos...

Por eso tienen que hacer muchas encarnaciones, con una no tendrían ni para empezar....

Vidas y vidas... pasando experiencias...

Es como si una piedra cayera en un estanque de agua con barro.... Primero llega al fondo pero...tiene que ir elevándose para salir otra vez de ese estanque... ese es su objetivo.

Diríamos que el agua del estanque es el plano astral, el plano donde están las emociones y los pensamientos.

El cuerpo físico seria la piedra.

¿Te lo puedes imaginar?....

.- A ver... me imagino una piedra y ese seria el cuerpo físico... como ahora el que tenemos... el de Kauna y Tomoa... ¿no?...

.- Si... este cuerpo físico pasa a tener diferentes formas en las distintas vidas.... ¿lo entiendes?...

.- Si, ¿ahora somos muy guapos?...

.- En esta vida de Kauna y Tomoa, somos muy guapos... rayando en la perfección humana...

Pero, en otras vidas a lo mejor hemos sido gordos,... arrastrando los pies, cojos.... calvos.... rubios... O grandes y fuertes como gigantes....
En fin, que lo hemos ido probando todo.

.- ¿Y eso por que?...

.- Pues... mira.... Si tú eres gordo y te encuentras mal de salud, por ejemplo,... tienes la opción de preocuparte por tu cuerpo o no....

Si te preocupas y eres disciplinado.... Esto te eleva... si no te preocupas y entras en estados de depresión, esto te impide elevarte,, pero te da pautas para hacer trabajos internos,,,,

Por ejemplo trabajar el auto-estima...

.- Bueno... la verdad es que toda esta terminología no la acabo de entender...

.- Tranquilo... cuesta un poco de asimilar...
Lo importante es que te quedes con que... El hacer distintas encarnaciones... tomar distintos cuerpos en las distintas vidas...
Te ayuda a crecer y a evolucionar.

.- De acuerdo... eso lo entendí...
Oye... mejor lo dejamos y repetimos lo que nos gusto tanto hacer... ¿quieres?...

.- Si, mi amorcito… como no voy a querer…

Y las llamitas de ambos seconafines se empiezan a formar de múltiples colores con la alegría y el placer.

CAPÍTULO 18

"LA PRESENCIA"

ISA, se dirige al Presidente del Consejo Kármico, llamado Kasteda y le pregunta….

.- Me ibas a explicar el Sistema Iniciático que se sigue en este lugar… por favor…

A lo que Kasteda responde….

.- Si, por supuesto.
Para evolucionar más allá de Sirio, se tienen que trascender 33 iniciaciones.
De ellas 28 en los Grandes Sistemas adscritos a Sirio y los otros 5 aquí mismo, en esta sede.

Te voy a comentar un ejemplo…

En las Pléyades, cuya sede central es Alcione… existen varios Sistemas Planetarios. Uno de ellos es al que llaman Sistema Solar.
Este tiene su sede central en un Sol.

Para acceder a este Sol, se tienen que pasar iniciaciones en los distintos planetas que giran en torno a el.

Un planeta es el llamado Tierra, en el hay un numero de iniciaciones para conformar lo que llamamos Vehiculo Superior, suprahumano,…
Presencia de la Tierra.

.- ¿Qué es eso de la Presencia?

.- Se le da el nombre de Presencia a un recipiente que contiene las experiencias de un lugar concreto.

Por ejemplo la "Presencia de la Tierra", "Yo Superior" o "Yo Soy" es un depósito energético de todas las experiencias acumuladas en ese planeta.

Las experiencias producen una energía y se acumulan en ese espacio.

Cuando los humanos conocen esta singularidad, pueden pedir la intervención de esta energía acumulada, a esto le llamaríamos la

"Manifestación de la Presencia".

Llega un momento que esta acumulación de energía experiencial, toma vida propia y puede colaborar en el crecimiento y evolución de la entidad encarnada en el planeta.

Para que esto sea así… tiene que tener una cantidad de energía acumulada… sino, no es utilizable.

.- Y cuando hay una cantidad de energía experiencial y por lo tanto una evolución determinada, la persona humana se da cuenta de que no es solo este cuerpo sino que hay algo mas elevado.

.- Si, es entonces cuando sus guías, ángeles, compañeros al fin y al cabo, le ponen en el camino de conocer esta posibilidad y por tanto trabaja esta **Manifestación Presencial**.

Los humanos se hallan un poco desconcertados porque no tienen quienes les cuenten lo que esta pasando en sus vidas, ni tienen la conexión clara y evidente con la Luz superior, así que van a ciegas por su planeta.

Los que alcanzan la Luz y ven mas allá, pueden ayudar a otros... esto es lo mas importante.

Esta acción de ayuda, de servicio y en esencia... de Amor,... les eleva y les ayuda a conseguir mas experiencia y por lo tanto a facilitar la conexión con su Presencia.

Pero... es importante que el humano pida a la Presencia su Manifestación... **que la invoque,** que la llame... que le pida que acuda en su ayuda.

Cuando el humano lo hace así... este vehiculo dormido... **despierta** y ayuda a avanzar y a evolucionar al humano, insuflándole los conocimientos que ya tiene acumulados.

Pero... como esta Presencia es una gran carga energética por ser la acumulación de tantas vidas... necesita un elemento intermediario, un "transformador energético".... A este lo llamamos:

"vehiculo de conexión"

Cuando el humano invoca a su Presencia... y esta se pone en marcha para acudir en su ayuda... ella confecciona este vehiculo de conexión para que así lo pueda hacer.

.- Que interesante... Habéis pensado en todo... Es una gran ayuda para la humanidad.

.- Si... y mas ahora, cuando empieza una etapa difícil y necesitan toda la información que puedan acumular.

Es como tener un tesoro al que ahora pueden acceder....

.- Gracias por tu explicación.

En resumen: los humanos deben Invocar a su **Presencia,,,,** y ésta confecciona el **Vehiculo de Conexión**....

.- Eso es...

.- Y ¿luego que ocurre?... ¿Cómo se da cuenta el humano que esta conectado con su Presencia?...

.- Se da cuenta en la medida en que encuentra más fácilmente respuestas a las situaciones que le van ocurriendo. Se las toma con más calma porque tiene una tranquilidad interna de que todo se va a resolver... Tiene mas conciencia del Ser que es... y de que los guías le están ayudando.

Esta mas conectado con sus ángeles... les hace mas caso...

En fin que esta mas conectado con Dios, con la Luz, con el TODO.

.- Que interesante.

◊◊◊◊◊◊◊◊◊◊◊◊◊◊◊◊◊◊◊◊◊◊◊◊◊◊◊◊◊◊◊◊◊◊◊◊

CAPÍTULO 19

"EL PLAN DE VIDA"

Dirigiéndose al Presidente del Consejo de Ancianos...

.- Asun-Ké... ¿me ibas a comentar algo del Plan que tienen los humanos antes de nacer...?...

.- Si, ya que estamos hablando de los humanos y los estamos viendo como ejemplo de la vida en un planeta en Cuarentena... te voy a comentar como se confecciona el **"Plan de Vida".**

.- Por favor, cuéntame.

.- Los humanos van efectuando re-encarnaciones en la Tierra.

.- Si, claro... vidas y vidas evolucionando, aprendiendo.

.- Pues bien... cuando terminan una vida van a un lugar donde los Seres de Luz del Consejo Kármico, le hacen una revisión de lo que ha aprendido... y sobre todo... De lo que se dejó por aprender.

.- ¿Cómo es eso de "dejar cosas por aprender"?

.- A veces, una persona se ha hecho un programa muy amplio.

Ha sido muy valiente poniéndose muchos desafíos en esa vida y luego no los ha podido cumplir.

Y, es que fuera de la Tierra, algunos son muy valientes…

.- ¿Puede que "orgullosillos"?.

.- Bien… todo es posible…

Por lo que sea, se revisa que faltó por aprender y donde están los fallos.

También se habla con los guías, ángeles, etc.… y se supervisan sus acciones.

Aquí nadie escapa de la supervisión…. Jajajajaja….

Una vez pasada la revisión y cuando es hora de regresar a encarnar, se efectúan unas cuantas reuniones.

La primera con el Consejo Kármico, otra vez, pero ahora para programar la nueva vida. Con la experiencia de la anterior, el programa puede ser más suave o más duro…

A veces la persona quiere que ya sea su última encarnación y lo mete todo en el paquete.

.- ¡Caramba!…. ¡Esto es bastante arriesgado!…. ¿no?…

.- Seguimos con los valientes… u orgullosillos….

Estos que aquí dicen:

¡Yo puedo con todo lo que me echen!…. Jajajajaja…

.- Y luego encarnan y no pueden con todo… ¿no?…

.- Si, esto es lo que suele pasar. En fin.

Bueno, como te decía se reúne con el Consejo Kármico del lugar para ver que quedó pendiente. Situaciones a resolver.

Y también situaciones nuevas.

Lo que tienen que aprender y tratar en esa vida.

Sus nuevos desafíos.

También se le dan cualidades o herramientas para resolver las situaciones.

No se le manda sin nada.

.- Muy bien… muy bien….

.- También se reúnen con los que van a ser sus padres, hermanos, amigos, novios, familia.

Y con cada uno de ellos en particular, les cuentan como tiene que ser tratado para poder efectuar el proceso de crecimiento y evolución.

Por eso unos padres tratan a unos hijos distintos de otros.

O hay situaciones que se repiten con unas personas y luego con otras, hasta que aprendes la lección.

.- Se reúnen con los ángeles, guías y demás Seres de Luz que les van a acompañar.

Estos seres son los que preparan los escenarios donde se va a desenvolver....
Ellos lo preparan y el humano lo vive... lo experimenta....
Y según el resultado, como sea la acción que emprende el humano... los guías se dan cuenta si aprendió la lección o no.

A veces se repite el escenario tantas veces como sea necesario hasta que se dio con la respuesta adecuada...

.- Y ¿Cómo sabe cual es la respuesta adecuada?...

.- Siempre es aquella que te lleva a un:

"estado superior de conciencia"

O sea, la que te eleva.

Evolucionar, siempre se evoluciona...nadie se estanca.

Lo que pasa es que algunos vienen con la herramienta:

"darse cuenta rápidamente"

Y otros, con una mas tardía.

Es decir, tardan mas en darse cuenta.

Lo importante es la **intención de querer avanzar**.

Al que se duerme, le toca hacer más encarnaciones. Jajajajajaja...

.- Entonces lo interesante es estar atento... ¿no?...

.- Exactamente.

Luego también se escribe en ese "Plan de Vida" de la persona, donde va a nacer... por ejemplo en un país o en otro.

Y dentro de ese país en un lugar pobre o rico.

Como va a evolucionar la familia, por ejemplo son pobres pero luego les toca la Lotería y tienen que vivir ambas experiencias.

Y también como va a ser su cuerpo, si masculino, femenino... alto, bajo, rubio, moreno, gordo, flaco... etc.

Y como van a ser sus características emocionales... tímido, impulsivo, inseguro...

Y las mentales... inteligente... despierto... atontado...

Todo, todo, se va regulando.

.- ¡Caramba!.... ¡Me parece un programa muy completo!!!....

Me gusta este diseño...

Y el humano... ¿sabe de este Plan? O sea, ¿que tiene un Plan?

.- No. Normalmente no. Lo va viviendo... Experimentando, a través de acierto o error....

Lo único que ayuda es, que hay seres humanos que están allá en el planeta, para apoyar a los que no son conscientes de nada, a los "dormidos".

Estos seres humanos mas elevados en conciencia... ayudan a los otros a subir de dimensión.

Y lo pueden hacer de muchas maneras... en una simple conversación, en una charla grupal, a través de un libro... de un programa de radio.

Los guías procuran que su "pupilo" o "guiado"... escuche, lea o se informe de lo que le esta ocurriendo, a través de estos elementos.

.- Siempre hay ayudas... ¿no?....

.- Si, nunca están solos. Aunque a veces lo piensen así.

Siempre están rodeados de Ángeles y Seres de Luz.

.- Me parece muy interesante. Seguro que en otros planetas aplican el mismo Plan.

.- Pues es un honor para nosotros si lo hacen. Gracias.

CAPÍTULO 20

"DESPERTANDO DE UN DULCE SUEÑO"

Jetze-Nó despierta de su sueño….

Siente sensaciones contradictorias, por una parte ha sido algo delicioso y nutritivo, y por otra ya perdió a Mirna una vez mas.

¿Y ahora que?….

¡Caramba!… otra vez igual….

Delante suyo esta "15 llamitas" mirándole con una enorme sonrisa.

.- Oye… Parece que te lo has pasado bien…

Mira tus llamitas…

.- ¿Qué les pasa a mis llamitas?…

.- Mira… mira….

Jetze-Nó se mira y se da cuenta con sorpresa que son de colores como los de Mirna...

.- ¡Uyyy....!!!. ¿Esto que es?... ¿Que pasa aquí?....

....

Uppsss.... Parece que esto va a continuar en otro libro.... ¡Caramba!!!

Bueno, pues... Seguimos en el tercer libro......

Nos vemos allá...

Un abrazo.

Susi Calvo
En Navaluenga, AVILA. (España)
11-01-2012

ANEXO 1
"RAYOS MANÁSICOS"

1

RAYOS MANÁSICOS

Todos sabemos que nuestro planeta Tierra gira alrededor del Sol, del que recibe el calor y la vida.

La luz que nos llega del Sol se descompone en un espectro de siete colores conocidos como los colores del arco iris.

Lo que tal vez no sea tan conocido es el hecho de que nuestro Sol, a su vez, gira en torno a otro sol mayor que se llama Sirio, y del cual recibe la luz y la vida espiritual necesarias para nuestra evolución como seres encarnados.

El espectro de esta Luz de Sirio nos da siete rayos, llamados Manásicos, debido a que su composición es electrónica y no atómica, como la luz solar.

Es decir, están constituidos únicamente por electrones y al no tener masa, son invisibles al ojo humano en su actual estado evolutivo de tercera dimensión.

La estrella Sirio vibra en séptima dimensión, por lo que su Luz, sus siete Rayos Manásicos, también poseen ese nivel vibratorio.

Cada uno de los Rayos posee una vibración afín con un determinado color visible.

Cada Rayo se corresponde con una cualidad específica y es creado por un Elohim, dirigido y distribuido por un Arcángel y representado en el Planeta por un Maestro.

Los siete Rayos procedentes de la estrella Sirio son los siguientes:

RAYO	COLOR
Primer Rayo:	Azul
Segundo Rayo:	Amarillo
Tercer Rayo:	Rosa
Cuarto Rayo:	Blanco
Quinto Rayo:	Verde
Sexto Rayo:	Morado-Oro
Séptimo Rayo:	Violeta

2

CUALIDADES DE LOS RAYOS MANÁSICOS

Cada Rayo se corresponde con unas cualidades:

RAYO	CUALIDADES
Rayo Azul:	Voluntad, Fe, Protección, Fuerza, Poder, Dirección, Seguridad.
Rayo Amarillo:	Inteligencia Divina, Sabiduría, Iluminación, Conocimiento.
Rayo Rosa:	Amor Divino, Armonía Cósmica, Compasión.
Rayo Blanco:	Pureza, Sublimación, Ascensión, Alegría.
Rayo Verde:	Sanación, Relajación, Equilibrio, Paz interna, Verdad.
Rayo Morado-Oro:	Servicio, Paz Mundial, Ministración.
Rayo Violeta:	Transmutación, Perdón, Justicia, Libertad.

Además de los Rayos Manásicos contamos con la ayuda de la energía del Rayo Dorado, cuya finalidad es subir la vibración de cuanto irradia.

.- El primer rayo es el *Azul*.

Manifiesta en su aspecto motivador la Voluntad, la Fuerza, la Acción y en su aspecto creador, la Fe.

Es la primera característica necesaria para que la energía se manifieste en el ser humano.

Se correspondería con en el chakra laríngeo. Dirige el sonido. Es la energía que motiva la palabra hablada y el Verbo Creador.

Representa la Dirección y la Protección, cualquier sistema de Gobierno Superior y las Huestes Superiores de Protección (Miguel y sus ángeles y arcángeles).

.- El segundo rayo es el *Amarillo*.

Manifiesta en su aspecto motivador la Sabiduría y en su aspecto creador la Iluminación.

Es la segunda característica necesaria para que la energía creadora cumpla con el propósito superior.

En el ser humano se asocia al chakra coronario. Dirige la Instrucción Superior. Es la energía que motiva el conocimiento Superior.

Representa la Instrucción y la Enseñanza Superior, cualquier sistema de Educación Superior y a los Maestros Ascendidos.

.- El tercer rayo es el *Rosa*.

Manifiesta en su aspecto motivador el Amor Superior como fuerza unificadora y en su aspecto creador la Armonía que motiva la Unidad.

Es la característica necesaria para fusionar el primer y el segundo aspecto de la Creación.

En el ser humano se corresponde con el chakra cardíaco. Es la energía que motiva la unidad y la fusión de todas las energías creadas y que mantiene en orden y equilibrio toda la Creación.

Representa el Amor Cósmico y canaliza todas las actividades de interconexión a través de la comunicación y transportes.

Estos tres rayos, Azul, Amarillo y Rosa son los tres principales.

El Rayo Rosa se subdivide en cuatro aspectos para manifestar en su plenitud su función.

.- El primer aspecto es el cuarto rayo o rayo **Blanco**.

Manifiesta en su aspecto motivador la Ascensión y en su aspecto creador la Pureza. Es la suma de todos los colores.

Es la primera característica necesaria para que el Amor se manifieste en su plenitud.

En el ser humano se correspondería con el chakra Muladhara (energía creadora) que motiva la energía sexual para crear en su más amplia manifestación. Es la energía que impulsa las artes creadoras.

.- El segundo aspecto es el quinto rayo o rayo **Verde**.

Es la fusión del rayo Azul y del Amarillo (Voluntad y Sabiduría). Manifiesta en su aspecto motivador la Verdad y en su aspecto creador la Curación.

Es la segunda característica necesaria para el rayo Amor.

En el ser humano está asociado con el chakra Ajna (tercer ojo). Dirige la Visión Superior. Representa la ciencia y la medicina en su aspecto superior.

.- El tercer aspecto es el sexto rayo o rayo **Morado y Oro**.

Manifiesta en su aspecto motivador la Paz y en su aspecto creador el Servicio.

Es la tercera característica del Amor que se expresa a través de la Paz y el Servicio.

En el ser humano se corresponde con el plexo solar. Representa los movimientos religiosos y espirituales a través de la Paz y el Servicio.

.- El cuarto aspecto es el séptimo rayo o rayo *Violeta*.

Nace de la fusión del rayo Azul y Rosa (Voluntad y Amor). Manifiesta en su aspecto motivador la Maestría y en su aspecto creador la Transmutación, la Misericordia y el Perdón.

Es la última característica necesaria para irradiar el Amor con Maestría y Misericordia.

En el ser humano se asocia al chakra esplénico (Svadhistana). Dirige la alquimia como ciencia de autotransformación.

Es el aspecto que representa la Justicia Superior. Este rayo, característico de la Era de Acuario, es necesario trabajarlo para subir en vibración a través de la transmutación.

.- Recordar que además de los Rayos Manásicos, contamos con la energía del Rayo *Dorado*, cuya finalidad es subir la vibración de cuanto irradia.

3

SERES DE LUZ ENCARGADOS DE LOS RAYOS

Cada Rayo es creado por un Elohim, dirigido y distribuido por un Arcángel y representado en el planeta por un Maestro.

RAYO	ELOHIM	ARCANGEL	MAESTRO.
AZUL	Hércules	Miguel	El Morya
AMARILLO	Apollo	Jofiel	Lanto
ROSA	Orión	Chamuel	Lady Rowena
BLANCO	Pureza	Gabriel	Serapis Bey
VERDE	Ciclópea	Rafael	Hilarión
MORADO-ORO	Paz	Uriel	El Amado Juan
VIOLETA	Arturo	Zadquiel	Madre Mercedes

Las responsabilidades de los rayos pueden variar según Directrices Superiores. Esta es la información de la que ahora se dispone.

4

LOS RAYOS MANÁSICOS Y LOS CHAKRAS

En primer lugar tenemos que cada uno de los siete Rayos Manásicos se asocia a un chakra en particular, en virtud de sus cualidades, por lo que trabajando sobre dicho chakra con su rayo asociado, lograremos potenciar en nosotros las cualidades derivadas del mismo.

CHAKRA	LUGAR	RAYO
Séptimo chakra:	Coronilla	Rayo Amarillo
Sexto chakra:	Tercer ojo	Rayo Verde
Quinto chakra:	Garganta	Rayo azul
Cuarto chakra:	Corazón	Rayo Rosa
Tercer chakra:	Plexo solar	Rayo Morado-Oro
Segundo chakra:	Zona del bazo	Rayo Violeta
Primer chakra	Base de la columna	Rayo Blanco

ANEXO 2

"LAS LEYES DE HERMES"

LAS LEYES DE HERMES

1.- **La ley del Mentalismo**
"Todo es mente; el universo es mental"

2. **La ley de la Correspondencia**
"Como es arriba, es abajo; como es abajo es arriba"

3.- **La ley de la Vibración**
"Nada descansa; todo se mueve; todo vibra"

4.- **La ley de la Polaridad**
"Todo es dual; todo tiene su par de opuestos; todo tiene polos y los extremos se tocan"

5.- **La ley del Ritmo**
"Todo tiene sus mareas; la oscilación del péndulo se manifiesta en todo"

6.- **La ley de la Causalidad**
"Toda causa tiene su efecto; todo efecto tiene su causa. La casualidad no existe"

7.- **La ley del Género**
"El género está en todo; todo tiene sus principios masculino y femenino"

NUEVAS LEYES

8.- **La ley del perdón**

9.- **La ley de la economía de la energía**

10.- **La ley de la afinidad de las energías**

11.- **La ley de la compensación del Karma**

En toda Ley hay tres planos de consecución:

1º nivel. - Conseguir su parte más elevada.

2º nivel. - Conseguir la Maestría de la Ley.

3º nivel. - Trascender la Maestría.

NOTAS DEL AUTOR

Este segundo libro lo he escrito en poco más de una semana.

He aprovechado que estaba resfriada en las fiestas de Fin de Año del 2011, en Medjugorje, Bosnia,...para escribir y no parar.

Estoy muy contenta por la rapidez en que llega a mi mente la información y la verdad, me he divertido mucho con las aventuras de Jetze-Nó.

Os ofrezco este libro a continuación del anterior:
"EL PLAN MAESTRO".

Espero que os guste. Pertenece a la colección:
"Mis cuadernos de prácticas". Teje-Má.

Todos ellos siguen una línea de información de cómo funciona el mundo, fuera de nuestra mente pequeña y de nuestra reducida visión de tercera dimensión.